シリーズ「遺跡を学ぶ」024

最古の王墓

吉武高木遺跡

常松幹雄

新泉社

最古の王墓
―吉武高木遺跡―

常松幹雄

【目次】

装　幀　新谷雅宣
本文図版　松澤利絵

第1章　最古の王墓を掘る

1　鏡・玉・剣三点セットの発見

発見の序章

飯盛山《いいもりやま》の裾野に広がるのどかな田園地帯（図1）。陽光に映えて銀色にうねる室見《むろみ》川の彼方に福岡の中心部を見渡すことができる。一九八四年一〇月、調査は新たな局面を迎えた。調査区を東側に拡幅するにつれて、大型の甕棺墓《かめかんぼ》二基が顔を出したのである。

高木地区の二つの甕棺墓は、いずれも「金海《きんかい》式」とよばれるタイプだ。しかも甕の大きさはなんと高さ一メートル以上、口径は九〇センチ近くもある。同時期の甕よりも一まわり、いや二まわりは大きな並はずれたサイズだ。

「これだけ立派な甕棺なら、青物が入っていてもおかしくないなあ」

調査班のリーダー、横山邦継《くにつぐ》がつぶやいた。青物とは青銅器のことだ。その希少性から時として権威の象徴ともいわれる青銅器はめったに見つかるものではない。外見だけでは断定できないが、この甕棺は期待できそうだった。この甕棺墓を一〇〇号とし、さっそく掘り下げにかかった（図２）。

一一時過ぎ、別の地区を調査していたわたしのもとに作業員が小走りに近づいてきた。「横山さんがよんでいる」と、その顔が笑っている。遺構実測の手をとめて、足早に高木地区へと向かう。甕棺のかたわらで、右手を高々と空にあげて立っている横山が見えた。青銅器が出たのだ。

一〇〇号甕棺に副葬されていたのは全長二九・五センチの銅剣。いまでも武器として機能するだけ

図１ ● 飯盛山と吉武遺跡群
1985 年 3 月、東上空からの空撮写真。吉武高木遺跡の手前に、大型建物の柱痕跡が見える。

の質感をそなえている。国内で発見されている銅剣のうち最古式に属する銅剣が、いま、わたしたちの前に姿をあらわしたのだ。

標石の礫群

それからひと月あまり、西側調査区の発掘に追い立てられ、高木地区の調査が再開されたのは、年もあらたまった一九八五年のことである。

九州とはいえ、日本海側に位置する福岡の冬の風は冷たく、厳しい天候が続く。しかも雪は降っても、一〇センチ以上積もることはめったにないので、発掘作業を中止するわけにはいかない。飯盛山から吹き降ろす寒風の直撃を受ける発掘現場は、防寒服を着込んでも、足先は痛み、指先はかじかんだ。

再開した高木地区の調査は、まず遺構検出の段階で問題につきあたった。それは一〇〇号甕棺墓の東、約二〇メートル×一〇メートルの範囲に散在する花崗岩《かこうがん》の礫群《れきぐん》だ（図3）。当初この礫群は、後期古墳の残骸や祠の基礎とされたが、よく見ると大小礫は面をそろえ一定の間隔で並んでいる。調査が進むにつれて、これらの礫群が一種の墓標であることがわかってきた。朝鮮半島や西北九州に分布する支石墓《しせきぼ》とよばれる墓によく似ている。ただ支石墓がひとつの

図2 ● 最初の銅剣が発見された100号甕棺墓
銅剣を手に、ずっしりとした質感を確認する筆者。

大石をいくつかの石で支えているのに対して、高木地区の石は小ぶりで、支石といえる構造をもっていない。そこでわたしたちはこの石を「標石《ひょうせき》」とよぶことにした。

ぞくぞくと見つかる木棺墓・甕棺墓

調査は西側から進めることにした。一〇〇号甕棺墓の東五メートルのところに、二メートル×三メートルの色調がやや暗い部分が検出された。

地下をさぐるためにボーリング棒を差し込んでも手ごたえがまったくない。甕棺墓ではなく土壙墓《どこうぼ》か木棺墓《もっかんぼ》の可能性が強まる。木棺墓の場合、木棺そのものは残らなくても、埋土《まいど》の黒ずんだ色調にその痕跡をうかがうことができる。土層観察のためのベルトを縦横に設定して掘下げにかかった。

一号木棺墓と命名したこの墓からは、細形銅剣《ほそがたどうけん》一口と碧玉《へきぎょく》製管玉《せいくだたま》二〇個が出土した（図４）。北部九州の木棺墓に青銅器の副葬が確認されたのは、今回がはじめてである。また副葬された小壺《こつぼ》から弥生中期初頭という埋葬時期を割り出すことができた。これも重要な成果だ。甕棺墓という墓制が主流を占めたこの時期に、なぜ木棺墓に青銅器が副葬されたのだろうか。

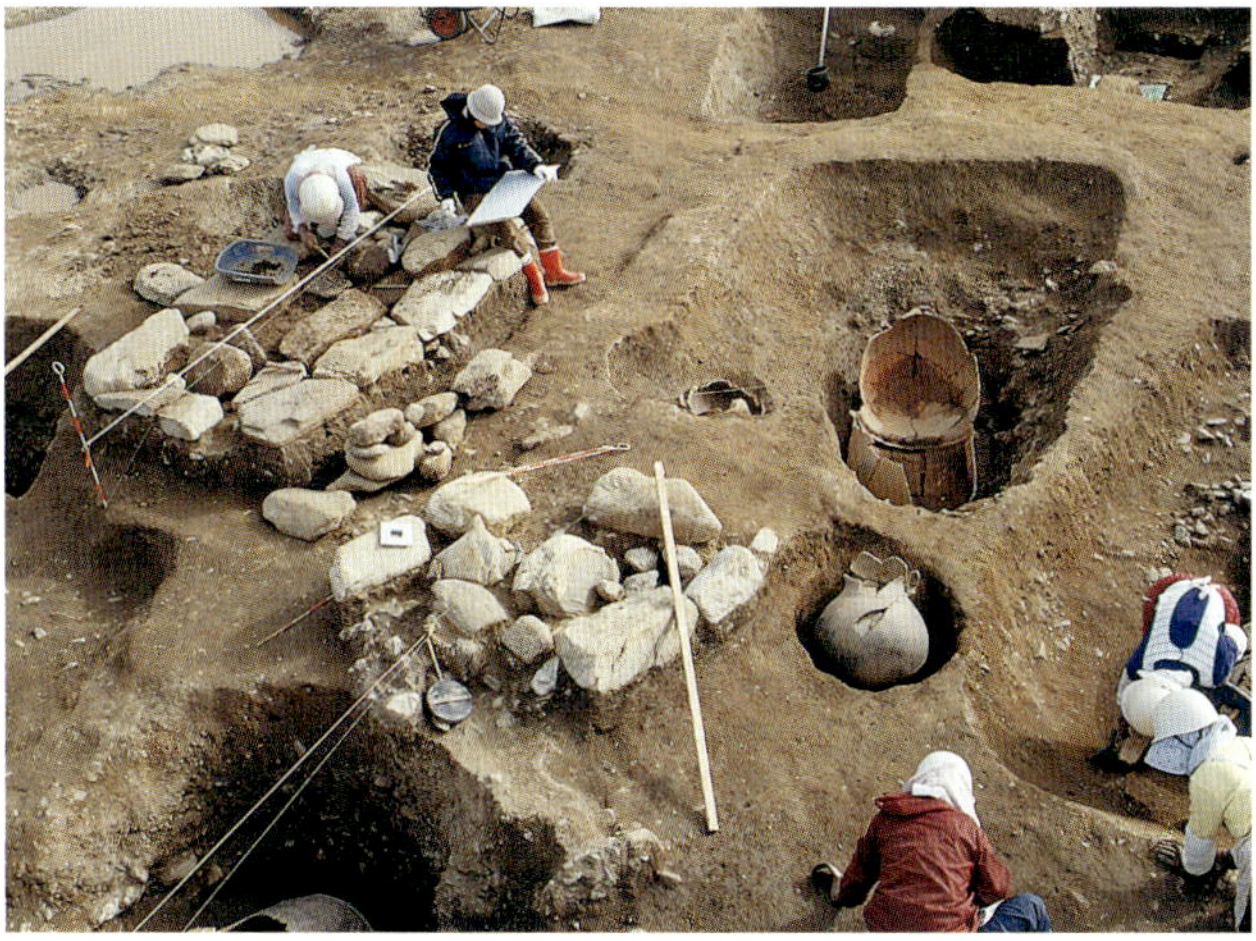

図３ ● 吉武高木遺跡の調査風景（北より）
４号木棺墓の標石を記録する調査員。

その後、三メートル×五メートルの巨大な棺を埋設するための輪郭をもつ二号木棺墓、武器はないがおびただしい量の装身具をもつ一一〇号甕棺墓、一一一号甕棺墓などがぞくぞくと発掘されはじめた。調査はみぞれまじりの空模様のなか、休日も押してくり広げられた。しかし、春はすぐそこまで来ていた。

多鈕細文鏡の発見

二月二二日、この日は吉武高木の調査で記念すべき日となった。別地点の甕棺を調査していたわたしのもとへ、円盤状の青銅器が出たという連絡が入った。そばにいた奈良大学の緒方俊輔に声をかけ、柱穴群を跳びこえて高木地区へ直行した。

「つ、い、に、出たぞ」

数日前からの微熱で顔色がすぐれない下村智《さとし》が、あごの無精ひげをなでながら目を輝かせた。三号木棺墓の深さ八〇センチばかりの墓坑のなかで、青銅器の輪郭をていねいに出す下村の指先を、一同息をのんで見守る。

円盤の表面には突起が見られない。ということは鏡面を上に向けた鏡であろうか。弥生中期はじめの時期なら、これまで中国鏡は発見例がない。とすると多《た》鈕鏡《ちゅうきょう》とよばれる朝鮮半島系の鏡ではないのか。

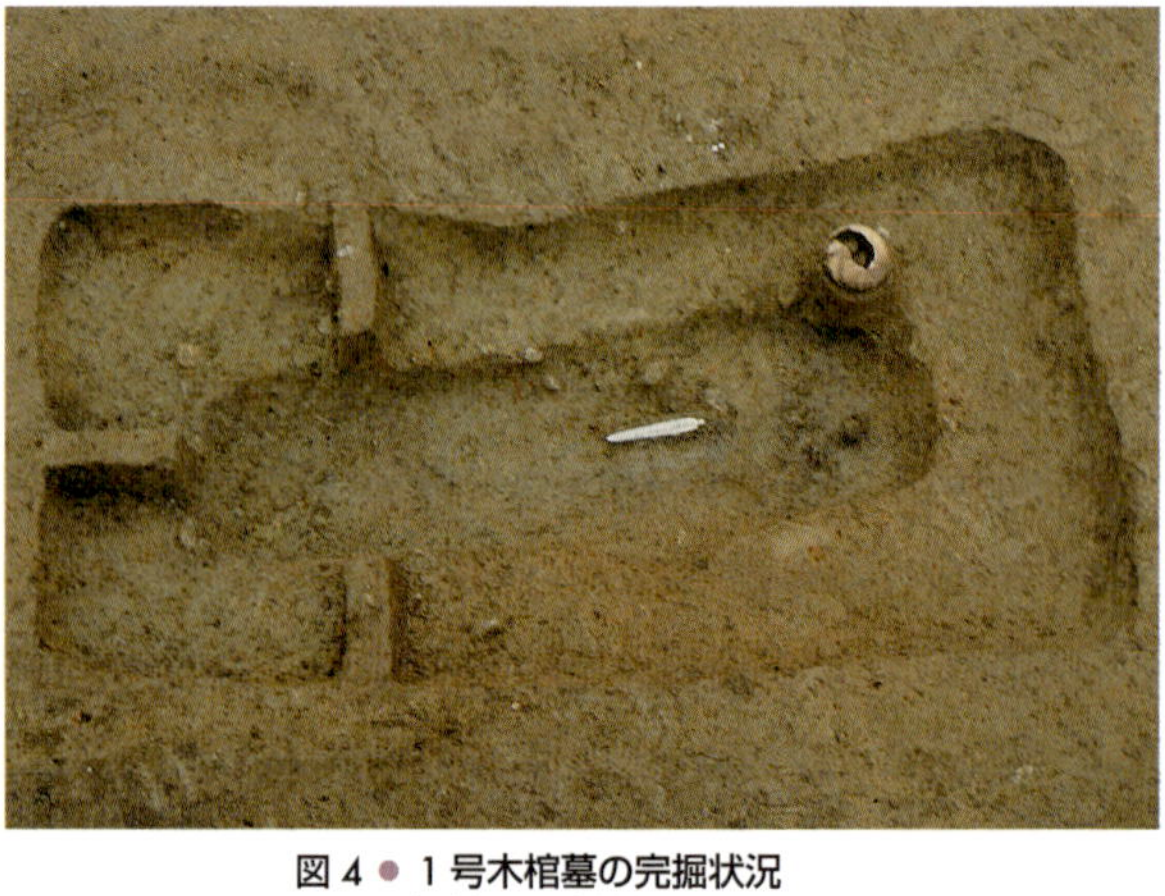

図4 ● 1号木棺墓の完掘状況
銅剣は、先端を足元に向けて副葬されていた。
死者の右側におかれているのは副葬小壺。

「縁がなんだか丸いぞ」

緊張の時間が重く流れる。その一片をゆっくりと翻す。早春の午後の明かりに照らし出されたのはコンパスと定規の線で構成された、髪の毛のように細い線の造形。まだ赤銅色をとどめていた。

「多鈕細文鏡《たちゅうさいもんきょう》だ」

ふるえる声。ひと呼吸おいて歓声があがった。

副葬品はこれだけではない。細形銅剣二口、細形銅矛《どうほこ》と細形銅戈《どうか》各一口。被葬者の胸元にあたる位置からはヒスイ製の勾玉《まがたま》と碧玉製の管玉が出土した（図5）。鏡と玉、そして青銅の武器がいっしょに副葬されていたのだ。

最古の王墓

その夜の祝宴は酔えなかった。報道機関への発表や見学者への対応準備、それよりも工期がすぐそこに迫っていた。

弥生中期後半の須玖岡本《すぐおかもと》遺跡や三雲南小路《みくもみなみしょうじ》遺跡のような前漢の副葬品をもつ個人墓をさかのぼる時期の有力集団の墓地であることはまちがいない。とくに三号木棺墓は、そのなかでも中心的な存在であろう。弥生中期初頭段階に

図５ ● ３号木棺墓主体部の遺物出土状況（北より）
被葬者の左右に青銅器（円形が多鈕細文鏡）、中央で獣形のヒスイ勾玉が出土。勾玉の手前の青色を帯びているのは碧玉製の管玉。

出現した「最古の王墓」の発見だ。

見学者の波、無線機で原稿を送る記者たち……。その後の反響はあまりにも大きかった。そして三月二八日、多くの人たちの努力がみのって遺跡保存が決まった。静かに感動が湧き上がってきた。

2 王墓の地・吉武高木

博多湾を望む遺跡の数々

博多湾に面した福岡市域は、東を月隈《つきぐま》丘陵、南西を背振山《せふりさん》とその支群によって限られた扇状地形である（図6）。志賀島《しかのしま》と能古島《のこのしま》が浮かぶ景色は箱庭のような平穏な風情をたたえている。

福岡市が空港から中心部へのアクセスのよさに定評があるのは、他都市にくらべ空港と中心部が近接しているからにほかならない。福岡空港の滑走路は、月隈丘陵の西にそって南北にのびている。弥生時代の拠点集落である雀居《ささい》遺跡は、空港西側にある国際線ターミナル建設にともなう発掘調査で明らかになった。

空港の西には福岡平野の主要河川である御笠川《みかさがわ》と那珂川《なかがわ》が貫流し、初期の水田として知られる板付《いたづけ》遺跡や奴国《なこく》の拠点集落を構成する那珂・比恵《ひえ》遺跡群が広がる。さらに奴国王の墳墓とされる須玖岡本遺跡はその延長上に位置する。

湾岸に目を転じると、「漢委奴国王」金印発見の地とされる志賀島から卵形のカーブをえが

◀図6 ●吉武遺跡群をとりまく環境

吉武高木遺跡
N
玄海灘
志賀島
金印出土推定地
小田支石墓
唐泊
糸島半島
能古島
博多湾
御笠川
那珂川
室見川
八田
夜臼遺跡
小葎遺跡
支登支石墓
今山遺跡
今宿五郎江遺跡
早良平野
野方久保遺跡
有田遺跡
藤崎遺跡
西新町遺跡
鴻臚館跡
博多遺跡
福岡空港
雀居遺跡
比恵遺跡
那珂遺跡
赤穂ノ浦遺跡
板付遺跡
金隈遺跡
月隈丘陵
福岡平野
上鑵子遺跡
平原遺跡
三雲南小路遺跡
飯盛山
油山
浦江遺跡
岸田遺跡
須玖岡本遺跡
原町遺跡
福岡県
佐賀県
背振山
0
5km

く博多湾にそって、弥生から古墳時代前期にかけての砂丘遺跡が点在する。

博多湾の西には玄海灘に突き出す糸島半島、その付け根に広がる平野部は、三世紀に一大率《いちだいそつ》がおかれた伊都国《いとこく》の中心部である。伊都国王墓とされる三雲南小路遺跡や径四六・五センチの国内最大の銅鏡を出土した平原《ひらばる》遺跡はいま、のどかな田園風景のなかにとけ込んでいる。

王墓の地、早良平野

福岡平野の西部、油山から派生する低丘陵によって隔てられた東西六キロ、奥行き八キロの扇状地形は、早良《さわら》平野とよばれる。中央には室見川が流れ、その上流には標高一〇五五メートルの背振の山地が控えている。糸島平野とは山塊で接している。

この狭長な地勢の早良平野は、湾岸部から内陸部にかけて都市開発や区画整理、圃場整備、宅地開発をきっかけにほぼ全域にわたって発掘の洗礼を受けてきた。湾岸部には、西新町《にしじんまち》遺跡、藤崎《ふじさき》遺跡など砂丘に営まれた甕棺墓群が分布し、その背後には有田《ありた》遺跡や飯倉《いいくら》遺跡など低丘陵上に集団墓が展開している。そして吉武高木遺跡は、平野の南西部、室見川中流域西岸の段丘上に立地する（図7）。博多湾からながめると、飯盛山の像の頭のような山肌がランドマークの役割をはたしている。

吉武遺跡群

吉武遺跡群は標高二〇〜三〇メートルの扇状地に立地している（図8）。遺跡群の東側は、室見川の氾濫によって形成された段丘地形をなしており、西を流れる日向川《ひなたがわ》との合流点が遺跡群の北限とされる。北端から南端まで約一キロ、東西の幅は南寄りの広いところで七〇〇メートル、室見川と日向川が合流する北側が狭まった三角形のエリアはおよそ四〇ヘクタールの面積である。

ここで一九八一年以降、九次にわたる発掘で、重要な知見がつぎつぎと明らかになったのである（図9）。

北の墓群

一次調査では、吉武高木遺跡から北に約七〇〇メートルの地点で、弥生前期末から中期にかけての墓地を検出した。この墓地は四つの墓群にわかれる。一・二ヘクタールの調査で、二〇九基の甕棺墓と三基の木棺墓が検出された。そのなかで金海式の八八号甕棺墓では、細形銅剣の先端に近い部分が検出された。また前期の特徴をもつ四号甕棺墓から有茎式《ゆうけいしき》の扁平な磨製石《ませいせき》鏃《ぞく》が出土した。

図７ ● **室見川と吉武遺跡群**（西より）
後方は、礫石伝説に登場する油山（標高 569m）、右上に霞んで見えるのが佐賀との県境にある背振山系。

二次調査は、一次調査の南側二・一ヘクタールで実施された。このうち甕棺墓は一基だけで、一次調査で検出された南東の墓群に含まれるものだ。

三次調査と五次調査では、二次調査区の東西に伸びる道路建設にかかる区域を調査したが、弥生時代の埋葬遺構は検出されなかった。

吉武高木遺跡

六次調査が、吉武高木遺跡を含む二・六ヘクタールの調査である。おびただしい副葬品については、さきに述べたとおりだ。

調査区は、北西側の前期末から後期初頭にかけての甕棺墓三

図8 ● 上空から見た吉武遺跡群
農地整備前の旧地形をしめす空撮写真。吉武高木遺跡と甕棺ロードが狭い谷で画されているのがわかる。右が北方向。

九三基と石棺墓一〇基からなる墓群と、幅の狭い谷をはさんで南東にのびる地区とに分かれる。

このうち東端の調査区が、吉武高木遺跡の大型墓群が位置する地区で、墓地はおよそ東西五〇メートル、南北三〇メートルの範囲に分布することがわかった（図10・11）。

ここで吉武高木の大型墓群とそれを衛星状にとりまく墓地を区別する、つぎのようなガイドラインを設けよう。

わたしは、大型墓群に含める墓の条件として、①青銅器や装身具を保有している、②甕棺を埋置するための墓坑の平面規格が長方形で大きい、③被葬者の頭位がすべて北東を向いている、の三つをあげたい。このほか大型墓群の甕棺墓は上下が甕と甕の合せ口のセットで構成されている。いわゆる単棺や甕と壺のセットは、大型墓群からはずすべきだろう。

そうした基準で分類すると、大型墓群は東西二五メートル、南北一八メートルの範囲に分布する一二基

次数	年度	調査場所	調　査　内　容（弥生時代）	調査面積
１次	1981	北の墓群	甕棺墓 209、木棺墓 3 住居跡 21、掘立柱建物 41	12,000㎡
２次	1982	北の墓群	甕棺墓 1、住居跡 3、掘立柱建物 40	21,000㎡
３次	1984	北の墓群	住居跡、掘立柱建物 3	5,200㎡
４次	1983	吉武樋渡 甕棺ロード	甕棺墓 140、木棺墓・石蓋土壙墓・石棺墓各 1、住居跡 2	25,000㎡
５次	1984	東西の道路	住居跡、掘立柱建物（古墳時代が主体）	1,600㎡
６次	1984	吉武高木 甕棺ロード	Ⅰ区甕棺墓 53、木棺墓 4、Ⅱ区甕棺墓 52、Ⅲ区甕棺墓 393、石棺墓 10、住居跡 11、掘立柱建物 43	26,000㎡
７次	1985	甕棺ロードの南西	甕棺墓 76	2,300㎡
８次	1985	吉武高木	吉武高木範囲確認	470㎡
９次	1985	吉武大石	甕棺墓 202、木棺墓 8、土壙墓 12、 住居跡 1、掘立柱建物	28,000㎡
合計	甕棺墓 1126、木棺墓 16、土壙墓 13、石棺墓 11、住居跡 38 ＋ α、掘立柱建物 127 ＋ α			121,570㎡

図９ ● 吉武遺跡群調査の展開

の甕棺墓と四基の木棺墓に限定される（図12）。一〇一号や一一二号は、出土遺物はないが大型墓群に含まれる。その北東部と大型墓群の間に分布する四〇基あまりの甕棺墓は、以上の要件を満たしていない。吉武高木の詳細は、次章で説明しよう。

吉武高木以前の墓群

吉武高木遺跡の南西には、舌状のなだらかな丘陵上にふたつの墓群が存在する。吉武高木に近い東墓地（図8参照）は、弥生前期末の金海式古段階を主体とする二〇基の甕棺墓と二基の石組み遺構からな

図 10 ● **吉武高木遺跡**（南より）
青銅器や玉類が発見された甕棺墓と木棺墓は、
北東方向の主軸で整然とならんでいる。

る小規模な墓群である。甕棺や副葬壺の形状から吉武高木の直前の時期に相当するが、各墓地の向きや被葬者の頭位に一定の規則性はみられない。四号甕棺墓から磨製石剣《せっけん》の先端部、六号甕棺墓から磨製石鏃の先端部が検出された。

さらに南西一〇〇メートルの西墓地（図8参照）は、弥生前期末の伯玄式《はくげん》から中期初頭の金海式新段階までの三二基以上からなる甕棺墓である。吉武高木の直前から重複する時期に相当するが、各墓地の向きや被葬者の頭位に共通する規則性はみられない。

甕棺ロード

吉武高木遺跡と狭い谷をはさんだ北側には、北東にのびる舌状のなだらかな丘陵がある。七次調査のこの地で検出されたのは、弥生中期後半を主体とする七六基の甕棺墓群だった。どうやら丘陵上には、幅三〇～四〇メートル、総延

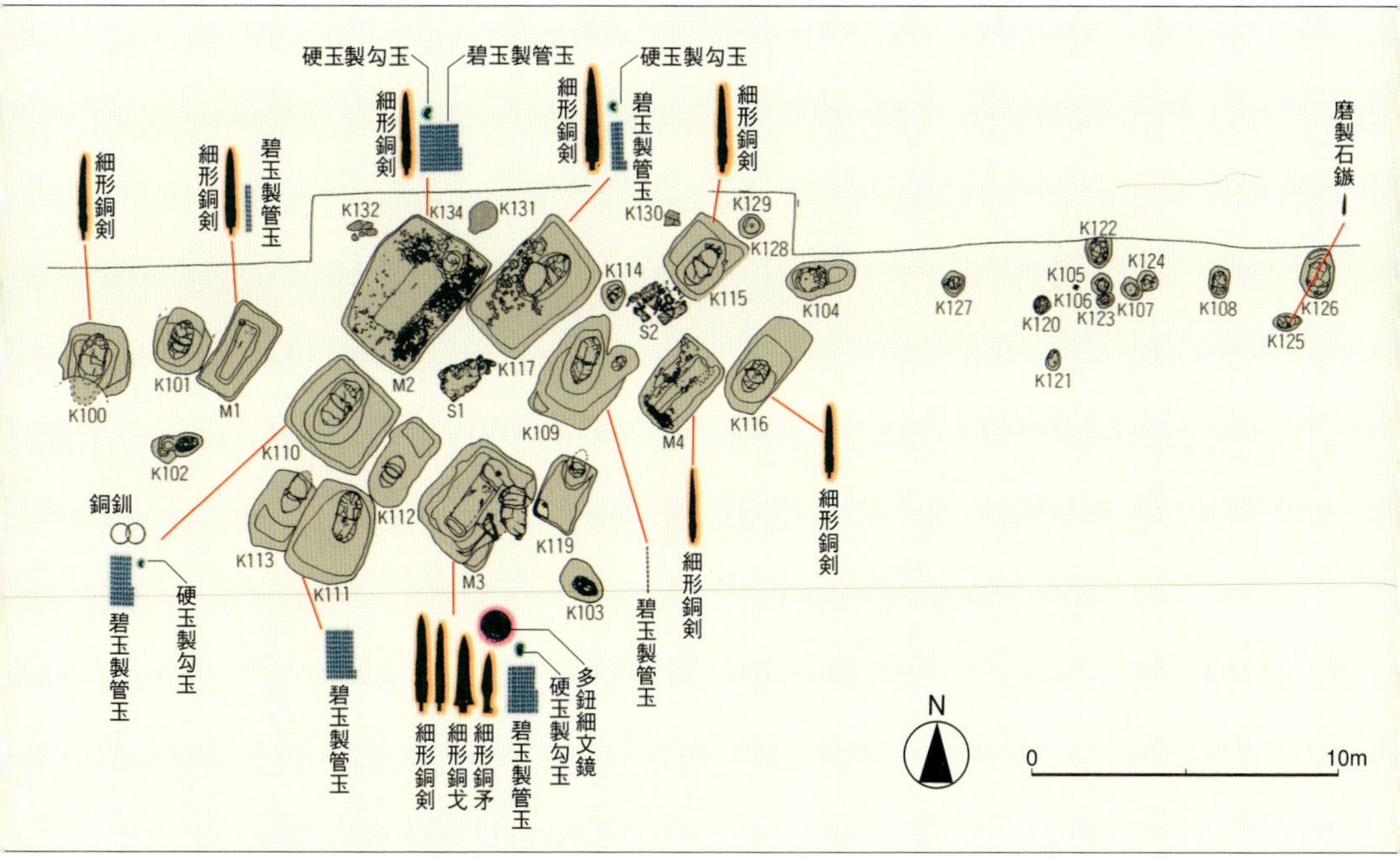

図11 ● **吉武高木の大型墓群部と副葬品の分布**
図中、「K～」は甕棺墓、「M～」は木棺墓。

長約五〇〇メートルにわたって営まれた甕棺墓群が存在するのだ。この狭長な墓群は、だれいうとなく「甕棺ロード」とよばれるようになった（図8参照）。甕棺墓は九六〇基を超える規模で、木棺墓、土壙墓、石棺墓はおよそ五〇基程度で、甕棺墓が圧倒的に多数を占めている。

　はじめこのエリアに弥生前期末ごろから甕棺墓がまばらに分布するようになり、中期末にかけて二世紀以上の間に、数十基単位の墓群として徐々に密度を高めて形成された。

　ここでは、中期末段階の甕棺墓に鉄器を副葬する二例が確認されている。九次調査の二八号甕棺墓では全長三三センチの鉄剣と櫛の一部、六次調査の六七号甕棺墓では全長四七・五センチの素環鉄刀《そかんてっとう》がそれぞれ出土している。「甕棺ロード」を構成する集団にも鉄製武器を副葬する階層が存在したのである。

遺構名		甕棺型式	副葬小壺	出土品	備考
甕棺墓	100号	金海式（新）	—	細形銅剣（1）	関の一方を欠く
	101号	金海式（新）	—		人骨出土
	109号	金海式（新）	—	管玉（10）	赤色顔料
	110号	金海式（新）	—	銅製腕輪（2）・勾玉（1）・管玉（74）	赤色顔料
	111号	金海式（新）	—	管玉（92）	赤色顔料
	112号	金海式（新）	—		鹿の線刻あり
	115号	金海式（新）	—	細形銅剣（1）	先端部を欠く
	116号	金海式（新）	○	細形銅剣（1）	先端部を欠く
	117号	金海式（新）	○	細形銅剣・勾玉（1）・管玉（42）・ガラス小玉（1）	赤色顔料・標石
	119号	伯玄式	○		甕棺は古相だが小壺は城ノ越式
	125号	金海式（新）	—	磨製石鏃（1）	大型墓群の東
	131号	金海式（新）	○		壺形の単棺
木棺墓	1号	城ノ越式	○	細形銅剣（1）・管玉（20）	刳り抜き式木棺
	2号	城ノ越式	○	細形銅剣（1）・勾玉（1）・管玉（135）	刳り抜き式木棺
	3号	城ノ越式	○	細形銅剣（2）・細形銅矛・細形銅戈・多鈕細文鏡・勾玉・管玉（95）	組合せ式木棺
	4号	城ノ越式	○	細形銅剣（1）	刳り抜き式木棺
計		銅剣（9）・銅矛（1）・銅戈（1）・多鈕細文鏡（1）・銅製腕輪（2）・勾玉（4）・管玉（468）・ガラス小玉（1）・副葬小壺（6）			

図12 ● 吉武高木遺跡の出土品一覧

3　弥生戦士の墓・吉武大石

礫石伝説

吉武高木の北東一〇〇メートルに「大石《おおいし》」という小字がある。この地域には福岡市の南部に位置する油山と飯盛山の神々が石を投げて喧嘩をしたという、いわゆる礫石《つぶていし》伝説が残っている。

西油山には、その時飛んできたという大岩があり、その上から飯盛山がよく見わたせる。では、飯盛山に向かって投げられた石はどうなったのか。言い伝えによると、問題の石は飯盛山に届かず、大石地区に落ちたというのだ。かつて飯盛の集落から東にのびる道路をつくる時に、この地を掘り起こしたところ、大きな石がごろごろ出てきたという古老の話もある。

青銅武器の破片を発見

一九八五年秋、大石地区の調査は、稲の刈り

図13 ● 吉武大石遺跡の全景
作業員は出土品をしめすポーズをとっている。直立（銅剣）、右手上に左手水平（銅戈）、両手上（銅矛）、両手水平（把頭飾）、しゃがむ（石剣の先端）。

入れがすむとはじまった（図13）。吉武大石遺跡の全貌を明らかにできる好機だったが、前年度の高木地区調査のような、青銅器を多数副葬する墓群がもうひとつあるとは考えがたい。表土をとり除くと、大石地区の甕棺はかなり削平を受けており、副葬品も期待できそうな状況とはいえなかった。

そんな折、大石地区で九州大学の考古学実習がおこなわれることになった。引率は福岡市立歴史資料館の塩屋勝利《かつとし》である。調査主任の力武卓治《りきたけたくじ》による「栄えある一号甕棺を君たちに掘らせてあげるのだから、心して発掘するように」との檄をうけて、学生たちは甕棺に詰まった土を慎重に掘りはじめた。

その日は時雨模様で、午後三時前なのに薄暗かった。足元もぬかるんできたので調査を中断しようとすると、ひとりの学生が、甕棺の底から出たといって、小指の先ほどの黒っぽい欠片《かけら》を差し出してきた。この長さ二七ミリの欠片、じつは青銅武器の先端部の破片だったのだ。これが吉武大石の青銅器発見の発端である。

遺構名		甕棺型式	副葬小壺	出土品	備　考
甕棺墓	1号	金海式（新）	―	細形銅戈？（1）	甕棺に鉤文様
	10号	金海式（新）	―	磨製石鏃（1）	
	45号	金海式（新）	―	細形銅剣（1）・細形銅矛（1）	
	51号	金海式（新）	―	細形銅剣（1）・管玉（11）	
	53号	城ノ越式	―	細形銅戈（1）・磨製石剣先端（4）	
	60号	金海式（新）	―	磨製石剣先端（1）	
	67号	金海式（新）	―	細形銅矛（1）	先端部を欠く
	70号	金海式（新）	―	細形銅戈（1）	残欠
	71号	金海式（新）	―	青銅器片（把頭飾？1）・管玉加工品（39）	
	81号	金海式（新）	―	磨製石剣先端（1）	大型墓群の東
	140号	金海式（新）	―	細形銅剣（1）	壺形の単棺
木棺墓	1号	城ノ越式	―	細形銅剣（1）・細形銅戈（1）	組合せ式木棺
	4号	城ノ越式	○		組合せ式木棺
	5号	―	―	細形銅剣（1）・剣装具が遺存	組合せ式木棺
	6号	城ノ越式	○		構造不明

図14 ● 吉武大石遺跡の出土品一覧

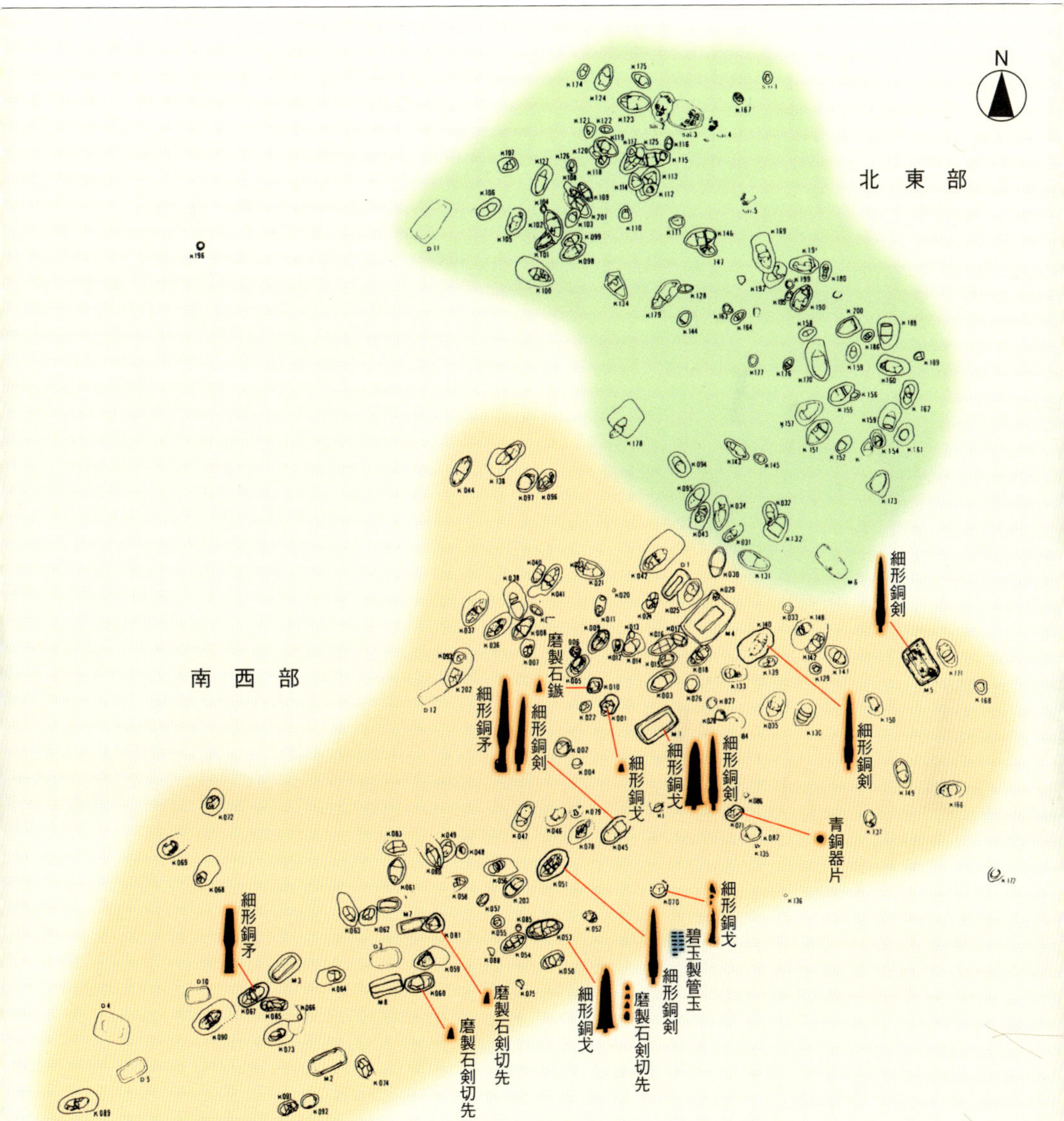

図15 ● 吉武大石遺跡の墳墓主要部分と副葬品の分布
中期前葉までの墓群（南西部）は、主軸を北東方向にとるものが多い。一方、中期中葉以後になる（北東部）と、墓の方向性に規制はみられなくなる。

体内に遺存した武器破片

そして、年末から年明けにかけて大石地区で確認された弥生時代の墓は、甕棺墓二〇二基、木棺墓八基、土壙墓一二基、祭祀土坑五基にのぼった(図14・15)。

時期がわかる甕棺は、前期末~中期初頭五六基、中期前葉二二基、中期中葉四七基、中期後葉四一基で、その分布は時期によって大きく南西と北東の二群に分かれている。前期末から中期前葉にかけては調査区の南西に集中するのに対し、中期中葉以降の甕棺墓は北東部の二カ所に密集している。また墓坑の主軸方向も、中期前葉までは丘陵の尾根筋に沿った北東方向が主体を占めていたが、時期が新しくなると墓の向きは一定しなくなる。

大石地区で出土した青銅の武器は、当初の予想に反して多く、高木地区と同数の一一点にのぼった(図16)。しかし装身具は、五一号甕棺墓で検出された管玉一一個だけにとどまるなど、様相はずいぶん異なっていた。また欠片となった銅戈など、完全な姿をとどめていないものが目立っていた。破損面はそれほど新しくなく、戦闘の結果、体内に遺存した破片とする説が急浮上してきた。甕棺墓から青銅器や石剣の先端部が出土する例は、武器の先端部を副葬する一種の儀礼とみなされた時期があった。しかし、福岡県教育委員会の橋口達也は、被葬者の骨に刺さって出土する事例から、骨は残っていなくても弥生時代の墓から出土する武器の先端部の多くは、戦闘によって体内に残ったものと判断した。

これによって「平和な弥生時代」という通説は大きく転換することになる。

大石地区の墓で、青銅武器の欠片や石剣の先端部が出土した甕棺墓は五基である。実用性に乏しい薄っぺらな銅戈を副葬した五三号甕棺からは、石剣の先端四つが出土した。六七号甕棺墓では、先端を欠落した銅矛が出土した。先端の折れた銅剣や石剣の多くは研ぎ直されるが、銅矛は中空なので、そのまま死者に供えられたのだろう。

折損した青銅器と先端部が接合すれば、戦闘がおこなわれた集団を知る手がかりとなるが、残念ながらこれまで確認された事例はない。こうして吉武大石遺跡の被葬者は、武器の先端部や欠片が多く出土したことから、戦闘集団と位置づけられ、新聞報道では「弥生戦士の墓」という見出しがつけられた。

吉武高木と吉武大石の階層差

吉武大石の集団は、甕棺の型式や副葬小壺などから、吉武高木と同時代を生きた人びとである。しかし、墓地の構成に、吉武高木の

図 16 ● 吉武大石から出土した青銅器
先端部を欠く銅矛や実用性に乏しい銅戈（中央）なども含まれている。
右端・中央は、実習生が掘り出した青銅器の欠片。

ような整然とした規則性はみられない。

また、甕棺のサイズは、吉武高木の大型甕棺を上まわるものはなく、木棺墓についても吉武高木の中核的な墓を超える規格は認められなかった。二種類の武器をもつ墓二基も、中核墓とよべるような存在ではない。さらに、装身具をともなう墓は一基にとどまり、高木に並ぶ数の青銅器は、いくつかの墓に分散して入れられた状況である。

こうして墓地の構造や装身具をくらべると、吉武高木と吉武大石の集団間には、歴然とした階層差がたしかに存在する。しかし、同じ平野内で吉武大石に匹敵する数の青銅器を保有する墓地は確認されていないことから、青銅器や装身具をネットワークとする、「吉武高木→吉武大石→その他の墓群」という階層分化をとらえることができる。

だが、吉武大石が吉武高木に従属した戦闘集団であったたか、あるいは抵抗勢力であったかは、これまで議論されてこなかった。吉武高木の銅剣だけを副葬した甕棺墓や木棺墓、それらと吉武大石の青銅武器を保有する人びととの差異についても、今後、検証が課せられている。

4　弥生墳丘墓・吉武樋渡

帆立貝式古墳の下から

田圃のなかの小高い高まり、吉武樋渡古墳の存在は知られていたが、墳形や主体部の構造はわからないままだった。それが発掘によって、径三三メートルもある後円部に、長さ七メートルの前方部をつなげた帆立貝式《ほたてがいしき》の前方後円墳であることが明らかになった（図17）。

五世紀段階の、墳丘に円筒埴輪をめぐらせた室見川中流域の首長墓にちがいない。しかし、墳丘には近世の墓地の掘り込みがいたるところにあり、西半分は昭和三〇年代の土取りで失われていたため、主体部は痕跡をとどめていなかった。保存の協議はまとまらず、〝記録保存〟というかたちで古墳は消滅することになった。

記録のための発掘調査をはじめると、土取りされた部分から長さ三〇センチあまりの身幅の広い銅剣が出土した。弥生時代の墓に副葬されていた青銅器が、土取りによって動かされたのかもしれない。とすると、古墳の下には弥生時代の墓が眠っているはずだ……。横山と下村はがぜん勢いづき、古墳の北壁を精査して土層断面を観察した。すると古墳の墳丘下、黒色のベルト層を境に、さらにもうひとつの盛土が少なくとも二・五メートルの厚みで存在している。しかも甕棺墓が、その盛土層を掘り込んで埋置されていた（図18）。

つまり弥生時代中期に築かれたマウンドがあって、それを利用して古墳は築かれていた

図17 ● 吉武樋渡遺跡の全景
帆立貝式の前方後円墳は、弥生時代の墳丘墓の高まりを利用して築かれていた。

のである。

弥生中期の墳丘墓

吉武樋渡の弥生の墳丘は、甕棺墓の分布と土層断面から、南北二五・七メートル、東西一六・五メートルの長方形と推定される（図18の長方形の部分）。墳丘の東西幅は、マウンドの端部が流れたと解釈して、同時期の区画墓の短辺と長辺の比率をもとに算出した値で、報告書の数値とは異なる）。墳丘下で検出されたのは、甕棺墓三〇基、そして木棺墓と石棺墓各一基である。このうち甕棺墓六基と木棺墓から副葬品が出土した（図18・20）。

甕棺は、弥生中期中ごろの「須玖式」から後半にかけての「立岩式」である。「須玖式」のにともなう銅剣は、剳方《くりかた》部の研ぎ出しが長いものや、関《まち》の端部を棘

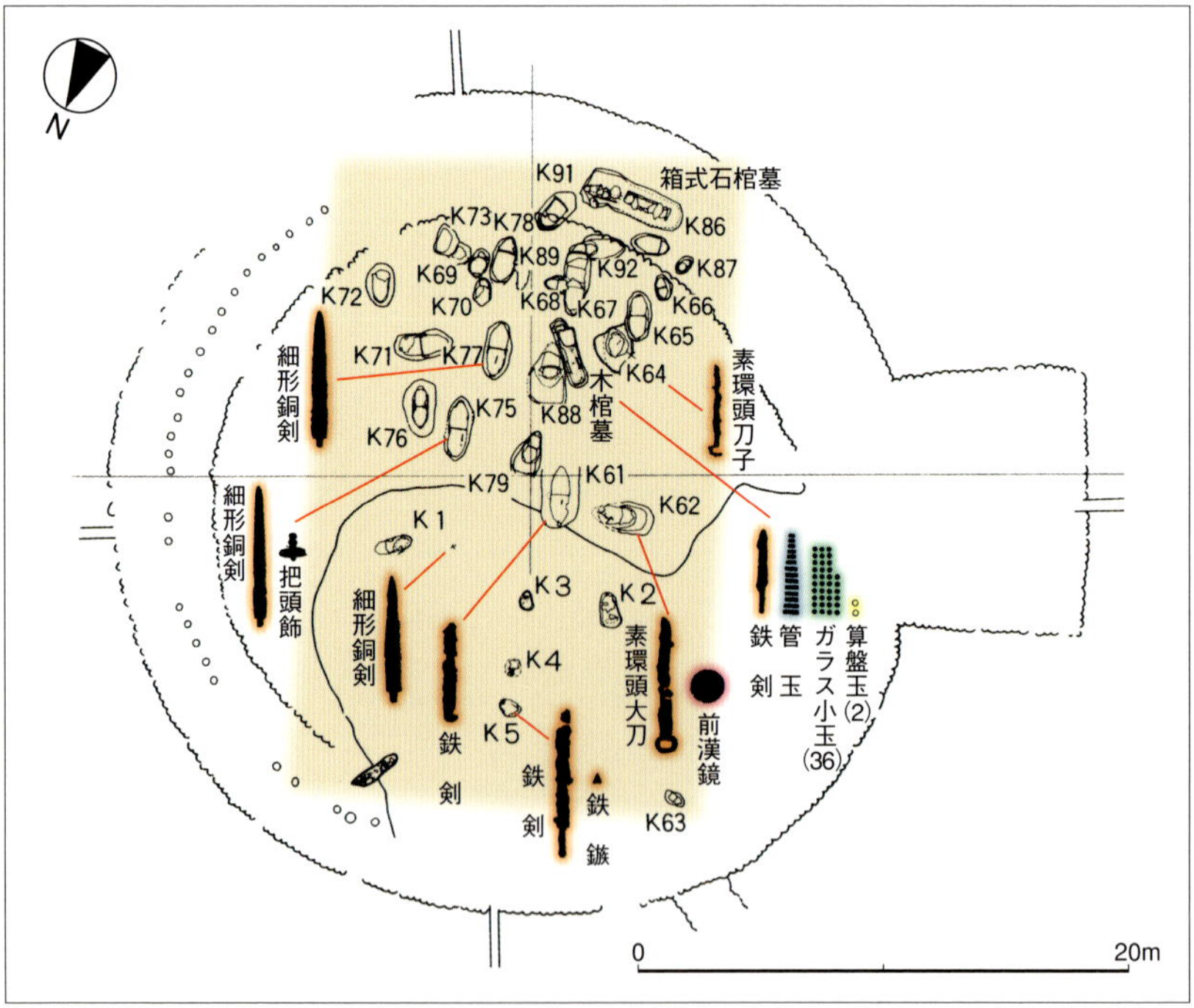

図 18 ● 吉武樋渡遺跡の墳墓と副葬品の分布
クリーム色の長方形の範囲が弥生の墳丘墓。青銅器に鉄器が加わっている。
62 号甕棺墓には、鉄製武器のほか、前漢鏡 1 面が副葬されていた。
図中、「K～」は甕棺墓。

状に調整するなど、吉武高木の初期青銅器とは異なる特徴がみられる。

また副葬品の構成として注目されるのは、「須玖式」段階は銅剣に鉄製武器が加わり、つづく「立岩式」段階は鉄製の武器に加えて前漢の鏡「重圏文星雲鏡」が検出されたことである（図19）。したがって墳丘の築造は、朝鮮半島に楽浪郡《らくろうぐん》がおかれ、北部九州に前漢の文物が流入する前一世紀の古段階ごろにははじまっていたと考えられる。吉野ヶ里遺跡の墳丘墓が築かれたのは弥生中期前葉で、樋渡の築造時期を一段階さかのぼる。

樋渡の墳丘墓の後半期には、早良平野の東には須玖岡本D地点、西には三雲南小路遺跡という、前漢鏡を大量に副葬する厚葬墓が登場する。だが樋渡の銅鏡は小型で、墳丘墓の他の甕棺墓にも装身具類は一切ともなっておらず、いまだ集団墓の域を脱してはいなかった。

図19 ● 吉武樋渡遺跡の甕棺から出土した前漢鏡
重圏文星雲鏡、径8.3cm。

遺構名	甕棺型式	出土品	備　考
5号甕棺墓	立岩式（新）	鉄剣・鉄鏃	鉄剣に平絹が遺存
61号甕棺墓	須玖式	鉄剣	
62号甕棺墓	立岩式（古）	重圏文星雲鏡・素環頭大刀	
64号甕棺墓	立岩式	素環頭刀子	
75号甕棺墓	須玖式	銅剣・青銅製把頭飾	把頭飾に赤い紐が付着
77号甕棺墓	須玖式	銅剣	銅剣に平絹が遺存
1号木棺墓	弥生後期か	鉄剣・管玉・ガラス小玉・水晶製算盤玉	
単独出土		銅剣	茎に鋳造後の穿孔あり

図20 ● 吉武樋渡遺跡の出土品一覧

5　なぞの大型建物

弥生中期後半で最大規模の建物

一次調査のおこなわれた北側にあたる地域からは、弥生中期前半までの円形の竪穴住居跡が二〇軒あまり集中して見つかっている。このほか一間×二間の柱間をもつ通常規模の掘立柱建物が、吉武樋渡の墳丘墓よりも北側に分布している。しかし、甕棺ロード周辺の一帯では竪穴住居跡一基が大石地区の東で確認されただけで、弥生の集落の痕跡はほとんど残っていない。

一方、甕棺ロードと小谷を隔てた南側の丘陵では、柱間が二メートルを超える大型の掘立柱建物が四〇棟あまり検出された。建物の時期は、柱穴から出土する土器片から、弥生中期後半が多くを占めている。なかでも吉武高木遺跡の東約五〇メートルの地点では、弥生中期後半で最大規模となる二号建物が検出された（図21）。

弥生中期になると、西日本各地で床面積が五〇平方メートルをこえる大型の建物がつくられるようになる。この二号建物の柱痕跡は二重にめぐっており、中央部にも二つの柱痕跡がある。外側をとって六間×五間とするなら二一四・五平方メートルで一三〇畳、内側の五間×四間でも一一五・二平方メートルでおよそ七〇畳という並はずれた床面積をもつ大きな建築物となる。

大型建物は、これまで高床式と平地式のふたつの復元案が示されてきた。報告書には四周に廻り縁をめぐらせた高床式建物の推定復元が掲載されている。しかし最近の調査では、廻り縁の柱痕跡が推定個所でみつからず、平地式建物とする案が有力視されるようになってきた。

大型建物の用途は

二号建物の時期は中期後半で、吉武高木の中核墓の時期よりも新しい。だが、これは建物の木柱が朽ちて、とり替えや建て替えの際に土器片が混入した結果とみることができ、吉武高木の中核墓があった中期初頭の建物の存在を否定するものではない。

弥生中期後半には、大型建物の北二〇〇メートルには樋渡の墳丘が築かれていた。吉武高木遺跡も中核墓の標石や盛土はまだ原形をとどめ、周辺では甕棺墓が継続されていた。そして南側には高床の建物群が威容を誇っていたはずだ。

古建築の研究で知られる宮本長二郎によれば、掘立柱建物と竪穴住居が共存する場合、前者が主体で後者が付随する関係にある住居、または前者が非住居で後者が住居であることが多いという。

吉武高木の大型建物はなぜここに建てられ、どのような人びとが集っていたのか。遺跡を訪ねる際に思いをはせてほしい。

図 21 ● **大型建物の柱穴**
吉武高木遺跡の東約 50m で発見された。柱は二重にめぐり、
外側は 6 間 ×5 間で、面積は 214.5m^2 にもなる。

第2章　甕棺墓と木棺墓

1　甕棺墓の時代

ひしめき合う大型土器

甕棺墓は弥生時代の北部九州を代表する墓制だ。ふたつの大型土器を組み合わせた埋葬法で、福岡・佐賀県下では数百基を超える甕棺墓が埋葬されている墓群もけっしてめずらしくない。百聞は一見にしかず。どういうものか見てみたい方には、金隈《かねのくま》遺跡展示館（福岡市博多区）がおすすめだ（図22）。ここでは発掘調査で姿をあらわした群集する甕棺墓の上に覆屋を建て、時季を問わず公開している。はじめて金隈を訪れた人の多くが驚くのは、ひしめき合う大型土器の世界が、異文化に接したときに似た感動をもたらすせいかもしれない。

甕棺は素焼きの大型土器である。福岡市内でもっとも大ぶりな都地《とぢ》遺跡の三六号甕棺は、高さ一四五センチで、重量八五キロ、最大容量五四〇リットルと、ユニットバス二つを満たす容量をもつ。

遺跡の土壌が弱酸性で条件がよければ、人骨が遺存していることもめずらしくない。人骨から得られた形質学的なデータは、被葬者の平均身長や年齢を割り出すだけでなく、弥生人の出自や病歴を知る手がかりもパックされているのである。

甕棺は弥生前期の終わりごろに急速に大型化し、中期後半になると分布域を中九州へと拡大する。そして数多く掘り出された個々の形をくらべてみると、大小の規格や新旧、車でいえば「車種と年式」の違いのようなものが明らかになってくる。

たとえば群集する甕棺墓では、古い墓が新しい墓によって壊される例が少なくない。これはAさんのお墓の目印がわからなかったため、うっかりBさんの墓穴を掘ってしまった結果である。だがこのうっかりのおかげで「甕棺Aは、甕棺Bよりも古い」ということがわかる。

これと副葬品の内容、たとえば「多鈕細文鏡や細形銅剣を出土した甕棺と前漢鏡や鉄剣が収められた甕棺では土器の文様や形が異なる」といった事例を積み重ねて、甕棺の新旧をはかる物指しができる。この物指しにしたがって甕棺を配列したものが編年表である（図23）。

図22 ● 金隈遺跡展示館の内部
丘陵の尾根につくられた甕棺墓群。ここに葬られた人びとがどこで暮らしていたか、まだわかっていない。

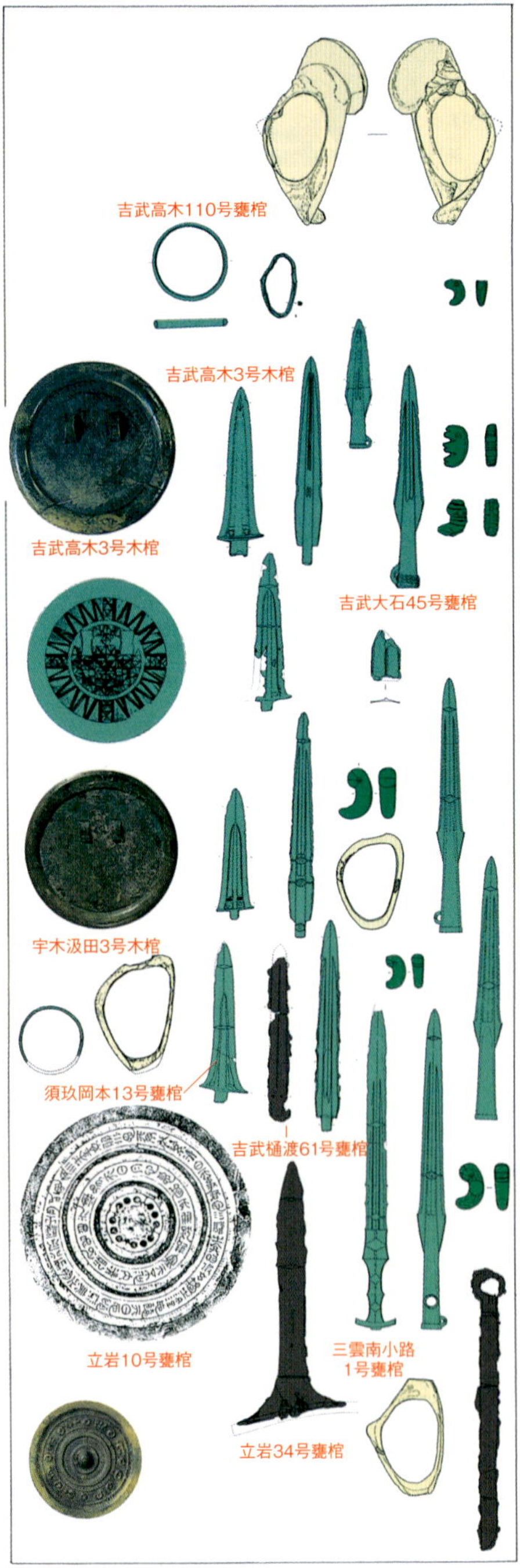

図23（b）●**左a図に対応する副葬品の変遷**
主なものに出土墓を示した。
青銅器・多鈕細文鏡から鉄器・前漢鏡へと移り変わる。

細形銅剣文化

甕棺におさめられた代表的な宝器に、銅剣や銅鏡などの金属器がある。初期の青銅器はもともと朝鮮半島から運ばれてきたが、石製鋳型の出土によって、ほぼ同時に北部九州で青銅の武器製作がはじまったことがわかってきた。

青銅の武器や鏡の種類は甕棺の型式変化とみごとに対応する。これは宝器の多くが子々孫々に受け継がれることなく、首長が亡くなると同時に墓に入れられたことを示している。甕棺分布圏の人びとが大陸との安定した交易ルートを開拓していたことの証である。

吉武高木遺跡の甕棺墓の主体をなす金海式甕棺（図24）は、金海貝塚（韓国慶尚北道金海邑会峴里）発見の甕棺に由来する。大粒の砂礫を含む、厚ぼってりした感じの金海式甕棺は、口

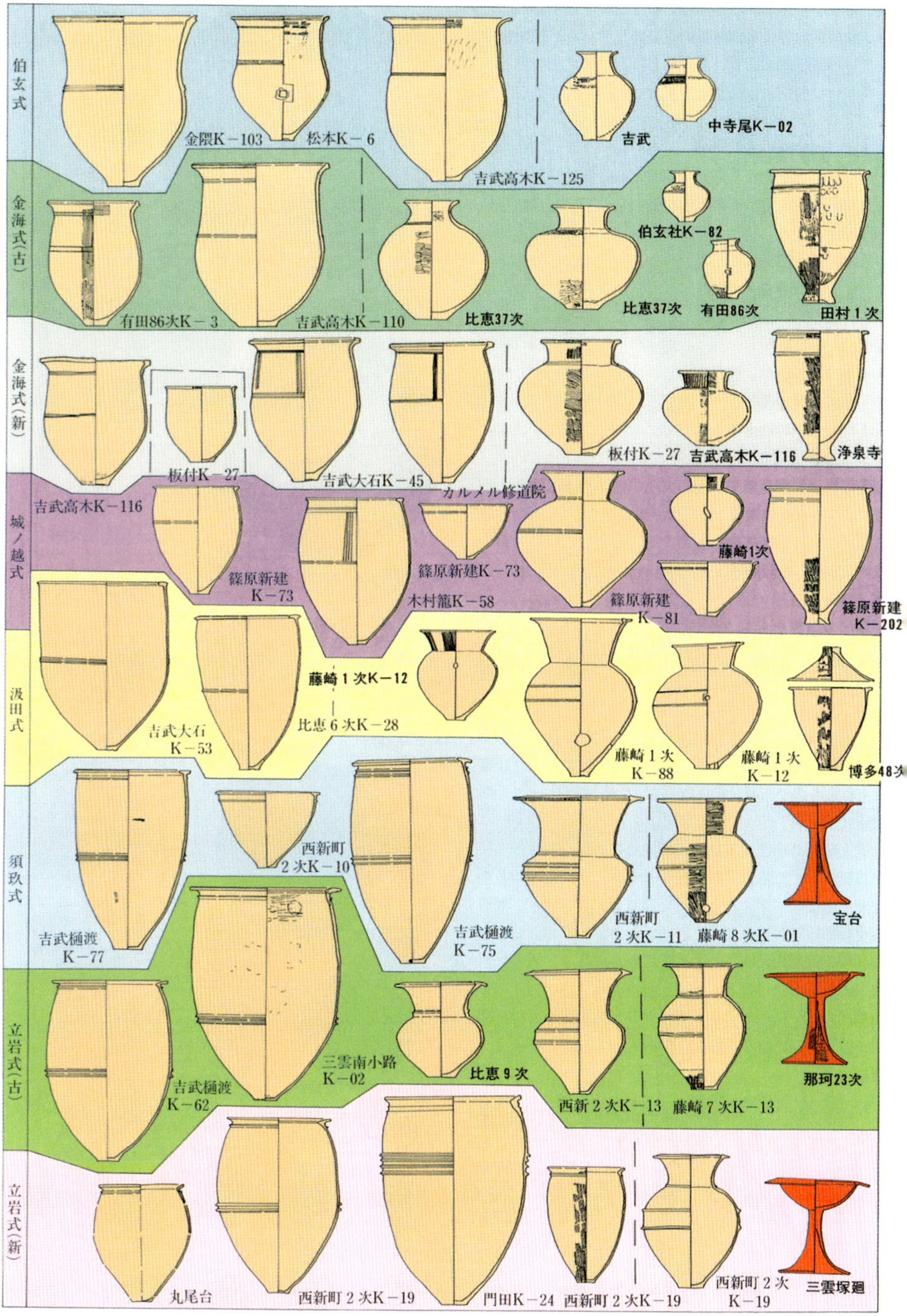

図 23（a）● 北部九州の甕棺の変遷

甕棺はくびれのある壺のなごりをとどめた金海式までのタイプから、汲田式以後になると薄手で砲弾に近い形へ型式変化する（成人棺約 1/20、太字 1/10、他 1/15）。

縁下と胴部に三条の沈線をめぐらせるものが多い。

現在その分布の主体は、北部九州が圧倒的多数を占めることがわかっている。しかし、甕棺に副葬された多鈕細文鏡や青銅の武器が、朝鮮半島の青銅器文化と深く結びついていることを考えれば「金海式」という名は、細形銅剣文化の開始を象徴するいわば記念碑的な型式名といえる。

細形銅剣文化にみられる銅剣・銅矛・銅戈などの武器類と多鈕細文鏡の組み合わせは、金海式につづく中期前半の「城ノ越式《じょうのこし》」（福岡県遠賀《おんが》町の城ノ越貝塚の調査が標識）から「汲田式《くんでん》」（佐賀県唐津市の宇木汲田遺跡の調査が標識）段階にかけて継承された。

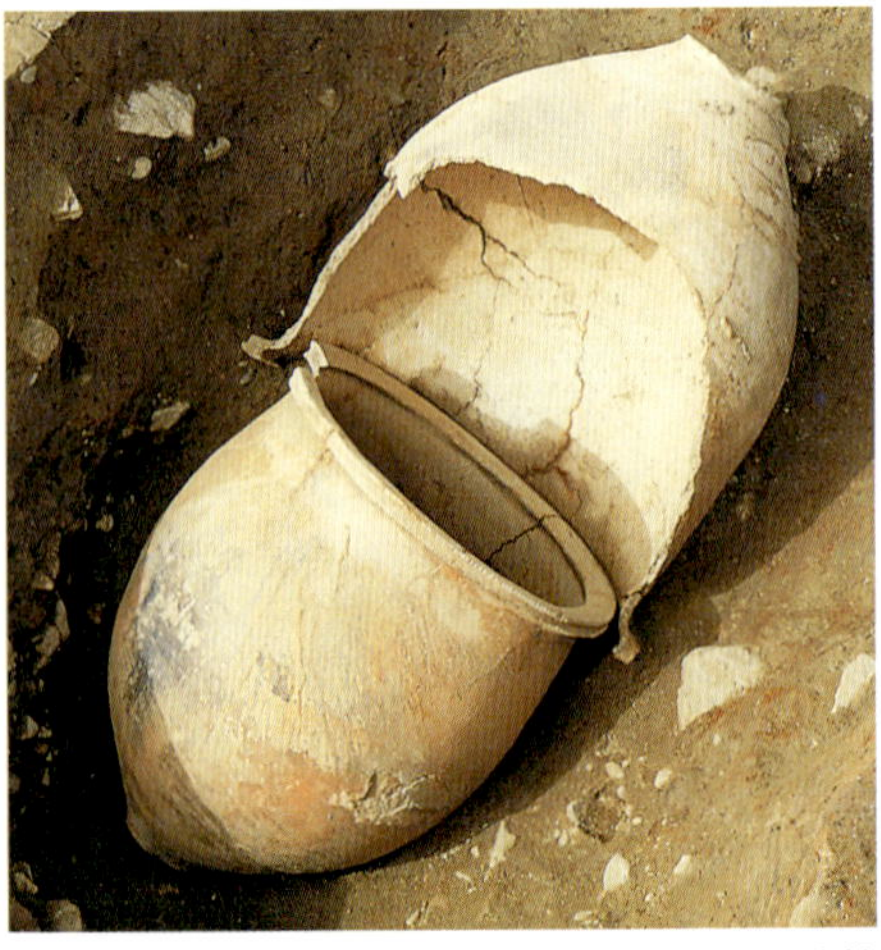

図 24 ● 吉武高木遺跡の金海式甕棺、112 号甕棺

前漢文化の波及

司馬遷の「史記」をひもとくまでもなく、漢代はすでに文字文化が成熟した時代であった。漢代の文物はしばしば弥生時代の暦年代の目安とされてきた。たとえば前漢の鏡を副葬する甕棺墓は、漢の武帝が朝鮮半島に楽浪郡を設置した前一〇八年よりもさかのぼらない年代になる。

環頭大刀や刀子《とうす》などの鉄器（図25）の副葬がはじまる中期中ごろの「須玖式《すぐ》」（福岡県春日市の須玖岡本遺跡出土の甕棺に由来）の甕棺からは、多鈕細文鏡は出土しない。このことから北部九州では、細形銅剣文化から前漢文化へよどみなく推移したことがわかる。

須玖式の段階は、漢の鉄器・鉄素材が流通するようになり、朝鮮半島における鉄製武器の生産が本格化した時代である。その契機として、前八二年の「馬弩関《ばどかん》」の廃止が重要視される。馬弩関は、対匈奴《きょうど》策として壮馬と強弓（弩《いしゅみ》）など軍備の流出を抑えるための禁令であったが、匈奴が凋落し、漢帝国にとって脅威が薄れると廃止された。古代中国の対外政策は、倭人にとっても漢文化への転換に大きな影響をもたらしたのである。

しかし、前漢鏡を主体とする鏡群がまとまって副葬されるのは須玖式段階ではなく、続く「立岩式《たていわ》」（福岡県飯塚市の立岩遺跡の甕棺を標識とする）の段階である。この状況は、倭が漢との朝貢関係を確立するのに一定期間を要したことを示している。

2　吉武高木の甕棺墓

オーラの漂う一〇〇号、一〇一号甕棺

はじめに姿をあらわした大型墓群西端のふたつの甕棺は、一見して大きく立派で、しかも方向を一にして整然と並んでいた。ある種のオーラのようなものが漂っていた。西端の甕棺墓に一〇〇号、そのとなりに一〇一号と番号をつけた（図11参照）。

一〇〇号甕棺墓は、とにかく大ぶりで、後に復元してみると

図25 ● 吉武樋渡遺跡出土の鉄器
手前の刀子は古代中国で竹簡や木簡を削るための文房具。倭人がどのように使っていたかは明らかでない。

下甕の高さは一〇一・四センチで、大型墓群のなかでも唯一、一メートルをこえるサイズである。口縁部を打ち欠いた上甕を下甕が呑みこむように組み合わさっており、呑口《のみくち》式とよばれる。

副葬品が出るかもしれないという期待は当初からあった。下甕にたまっていた土を掘り進め、棺底近くになるとねっとりとした土に変わった。移植ごてを、竹ベラにかえて慎重に掘下げを進める。ヘラの先が硬いものにふれた。次第に輪郭をあらわしたのは細形銅剣とよばれる長さ三〇センチほどの青銅器だった（図26）。

八四年当時、福岡市が保管する残りのよい細形銅剣は、比恵遺跡出土の一点だけで、大正時代に板付田端《いたづけたばた》で発見された銅剣や銅矛は、すでに東京国立博物館の所蔵品となっていた。青銅器の発見に立ち会うこと自体、貴重な体験だったのである。

一〇一号甕棺を掘り下げたのは、年もあらたまってからだった。大学院入試のため帰京することになった進藤敏雄が、はなむけ代わりに掘ることになった。しばらくすると一〇〇号と同

図26 ● 100号甕棺出土の銅剣
今でも武器として使えそうな漆黒色の銅剣。剣の右下端部（関）は、出土時すでに欠けていた。

じような粘質土になった。慎重に棺底をさぐるが、竹ベラの先に手ごたえがない。棺底まで掘り下げたがついに青銅器は姿をあらわさなかった。周囲の期待がため息に変わった。

外観は似ているが副葬品をもつ甕棺墓とそうでない甕棺墓がある。両者の違いは何なのか。

おびただしい装身具が副葬された一一〇号甕棺

一一〇号甕棺墓は、二号木棺墓の主軸と、三号木棺墓の横軸が交叉する位置にある。甕棺は、口縁部を打ち欠いた下甕を上甕が覆うように組み合わせたもので、覆口式《ふっこう》とよばれる。棺内からは、銅製腕輪やヒスイの勾玉、管玉七四個というおびただしい装身具が出土した（図27）。

銅製腕輪二点は、いずれも外径七センチあまり、半月形の断面をもつもので、専門用語では円環系銅釧《えんかんけいどうくしろ》といわれる。二つの腕輪は、甕棺の合わせ目付近できれいに重なった状態で出土した。しかも勾玉と管玉は、その上方一〇センチ付近に集中していることから、装身具は埋葬時の位置を動いていないようだ。

三号木棺墓の南西に位置する一一一号甕棺墓は、墓群の南限にあたる。上甕の棺底近くで、粘質土が赤く染まっている個所に集中して、九二個の碧玉製の管玉が検出された。被葬者の頭部付近

図27 ● 110号甕棺の遺物副葬状況
覆口式甕棺。なかには銅製腕輪とヒスイの勾玉が見える。
埋葬時の位置を動いていないようだ。

に集中した赤色の範囲は、埋葬時に施された朱（主成分は硫化水銀）であろう。九二個の碧玉製管玉は、全長一センチを目安として大小に分類され、その数量から大型はブレスレット、小型はネックレスとして使用されたと推定できる。

吉武高木の墓群には、装身具だけで武器類を副葬しない被葬者が存在するのである。

標石の載っている一一七号甕棺墓

さいごに一一七号甕棺墓について述べておきたい。一一七号は、一一〇号甕棺墓の墓坑主軸の東辺ラインと、四号木棺墓横軸の西ラインが交叉する大型墓群北側の中央部に位置する。

甕棺の真上には、標石とよばれるテーブル状の大石が載っている（図28）。標石は、長辺が一メートル、短辺が〇・七メートルで、厚さ三〇センチほどの花崗岩礫である。標石と甕棺の間は、標石を支えるための角礫が円形に組まれており、埋土にも花崗岩の礫が意図的に入れられていた。

墓坑は二段掘りで、一段目は長軸四・三メートル、短軸も二・五メートルと大きく、中央に甕棺を設置するため二段目の土坑を掘り込んでいる。

図28 ● 標石が載っている117号甕棺
花崗岩の標石が載せられていた。墓坑を埋める埋土にも多数の礫が含まれていた。

一一七号甕棺の調査は、三号木棺墓を報道発表した後で、標石や礫を実測しては外すという手順でおこなわれた。甕棺が全容をあらわしたころは、すでに夕暮れ近くだった。しかし調査日程に余裕はなく、投光機で照らしながら棺内の掘下げを進めた。

報道陣がとりまくなか、竹ベラを握ることになったのはわたしだった。上半身を上甕に入れて棺内の土を除く。しばらくすると被葬者の右肩付近で銅剣の付け根が確認できた。「長さは？」「形は？」と周囲から質問が浴びせられる。後頭部が熱い。ふり向くと投光機が間近に迫っていた。

棺内に副葬されていたのは、細形銅剣、そしてヒスイの勾玉を含む玉類（図29）。碧玉製の管玉四一個は、ヒスイの勾玉を囲むように甕棺の接合部付近に集中していた。玉類の付近は朱で赤く染まっていたことから、埋葬時の位置をとどめていることがわかる。

土壌の洗浄によって濃紺色のガラス小玉も確認された（図40参照）。西日本でもっとも古い時期のガラス製品である。

大型墓群のなかで最長となる三五・三センチの銅剣は、被葬者の右脇に先端部を下に向けておかれていた。鋳造して、刃を研ぎ出したばかりの初心《うぶ》な仕上がりが保たれていた。

図29 ● 117号甕棺の副葬品出土状態
勾玉と管玉の位置で、埋葬時からほとんど動いていないことがわかる。
銅剣は先端を足もとに向けて被葬者の頭の傍らにおかれていた。

3　吉武高木の木棺墓

木棺墓とは

木棺墓は木でつくられた棺を直接土坑におさめる埋葬法で、木棺には板材を井桁状に組み合わせた組合せ式と、木を刳り抜いた刳り抜き式の二種類がある（図30）。いずれも厚みが五センチ前後の棺材が必要で、原木の確保から加工までを考えると多大な労力を要したはずである。

北部九州では、墓地の土質から、弥生時代の棺材はほとんど残っていない。したがって木棺墓と素掘りしただけの土壙墓を区別する基準が問題となる。墓坑の周囲で、棺の短辺である小口か長辺にあたる側板のどちらかに深く掘り下げた痕跡が観察できれば、木棺と考えてよい。また板材を井桁状に組み合わせた場合、長方形の坑にそって区画の溝がまわっている。

また、刳り抜き式木棺の場合は、棺を安置するため、墓坑は二段掘りになっていることが多い。二段目の掘り込みが二〇センチ程しかない場合は、被葬者を安置する空間を確保するため、刳り抜き式の木棺がおかれたと推定される。棺の横断面の土層観察によって、U字形や逆台形の木棺の構造が推察できる。

一号木棺墓

大型墓群の西に位置する一号木棺墓は、地表に出た小壺が発見のきっかけとなった。小壺の周囲を金属製のボーリングステッキで刺しながら甕棺を探索したがいっこうに感触がない。そこで地表を少しずつ削りながら観察するうちに、長辺三・〇メートル、短辺一・六〜一・三メートルの墓坑の輪郭が見えてきたのである。

土層観察のベルトを残しながら掘り下げていくと、木棺墓は二段掘りになっていることがわかった。二段目は、長辺二・一五メートル、短辺〇・七〜〇・五メートルで北側の頭部付近の幅が少し広くなっている。主体部の断面は逆台形で底部は平坦だ。二段目の深さは二〇センチ程度しかないため、舟底状に大木を刳り抜いた木棺が二段目の輪郭にそって安置されたと考えられる。墓標となる標石は確認されなかった。

二段目の輪郭中央に下村が設定した幅一〇センチほどの試掘溝は、吉武高木で二本目となる細形銅剣をみごとに探りあてた。銅剣は全長二九・八センチ、先端を足元に向けていた。中央に刳り方をもち、脊《むね》がわずかに研ぎ出された細形銅剣である。

管玉の出土位置から、被葬者は頭部を北側にして、銅剣を右腹部付近において埋葬されていたとわかった。

図30 ● **刳り抜き式の2号木棺墓**（左）**と組合せ式の3号木棺墓**（右）
木棺の幅は、手前の頭部よりも、足もとが狭くなっている（左）。
現地組立て式の木棺は、小口板を差し込む頭部と足もとの二カ所が深く掘り込まれている（右）。

二号木棺墓

二号木棺墓は、大型墓群の北西、一一〇号甕棺墓の長軸の延長上に位置する。木棺を埋置するための墓坑は二段掘りで、一段目は長辺四・六メートル、短辺三・六五〜二・六メートルで、四基の木棺墓中もっとも広い平面積をもつ。墓坑の南西隅にあった花崗岩の大きな礫は、標石の一部であろう。

内部主体となる木棺は、長辺二・六メートル、短辺一メートル、二段目からの深さはおよそ四〇センチである。木棺底部の断面はU字形なので、棺は丸木舟を刳り抜いたような形と考えられる。棺の形状は、古墳時代の割竹形《わりたけがた》木棺のイメージとも重なるが、蓋の形状は不明である。整然と並ぶ東辺の詰め石は、棺を固定するためのものだ。

主体部中央で、細形銅剣が先端を足元に向けて副葬されていた。銅剣は全長二九・一センチで、中央に刳り方をもつ。脊は刳り方と茎との境目まで明瞭に研ぎ出した細形銅剣である。

ヒスイの勾玉と管玉の位置から、被葬者は頭部を北側にして、銅剣を右腕の外側において埋葬されていたことがわかる。銅剣の付近に集中する全長が一センチをこす大型の管玉はブレスレットとして右腕を飾ったものであろう（図31）。

図 31 ● 2 号木棺墓の副葬品出土状況
全長が 1 センチをこえる碧玉製管玉は、被葬者の右腕付近でまとまって出土した。ブレスレットに使われていたものだ。

三号木棺墓

三号木棺墓は、墓群の中央部南端に位置する。木棺を埋置するための墓坑は、長辺三・七メートル、短辺二・九メートルで、深さはおよそ九〇センチ。墓坑の東部にある花崗岩の大型礫は墓標となる標石の一部で、もともと墓坑全体を覆っていたと思われる。標石が残っているので本来の地表面は、ほとんど削平を受けていないようだ。

主体部となる木棺の規模は、長辺二・六メートル、短辺〇・九メートルで、内法は長辺一・八メートル、短辺〇・七メートル。加工板材を用いた組合せ式の木棺である。木棺は、長側板をおいたあと短辺の小口板を深く掘り込んで固定する現地組み立て式で、木蓋で密閉されていたと考えられる。

ヒスイ製勾玉と一連となる管玉の位置から、被葬者は頭部を北側にして埋葬されていた

図32 ● 3号木棺墓出土の青銅器
銅剣・銅矛・銅戈と多鈕細文鏡からなる青銅器の組合せは、
国内の中期初頭段階の副葬品としては唯一だ。

ことがわかる。北側の小口で検出された副葬小壺によって、埋葬時期は弥生中期初頭に限定することができた。

四号木棺墓

四号木棺墓は、墓群の東寄りに位置している。墓標となる標石は、調査当初は祠の基礎石といわれるほど、残りがよかった。安山岩や花崗岩の扁平な礫を組み合わせて長方形に配置したもので、大型の礫を用いた二号や三号木棺墓とは趣が異なっていた。

墓坑は、標石の直下で確認できた。木棺を埋置するための墓坑は、長辺三・〇メートル、短辺一・六〜一・八メートルで、北側がいくぶん広く、深さはおよそ九〇センチ。内部主体となる木棺は、長辺二・三メートル、短辺〇・六メートルで、二号木棺墓と同様、丸木舟のように大木を刳り抜いた棺構造である。棺を埋置した後、南側の小口部には花崗岩の礫が詰められていた（図33）。

銅剣の副葬位置から、被葬者は頭部を北側にして埋葬されていたことがわかる。銅剣は、現存長二六センチで、

図33 ● 4号木棺墓の完掘状態（東より）
被葬者の右脇に研ぎ減りした銅剣が添えられていた。
墓坑の右上の土層に見えるのは金海式の甕棺墓。

最大幅は二・六センチ、もっとも残りのよい三号木棺墓出土銅剣の最大幅の半分程度しかない。一目で研ぎ減りが進んでいることがわかる。茎尻《なかごじり》も折損面が生々しい。本来は全長三〇センチをこえる銅剣だったはずだ。

被葬者の右側頭部付近で検出された副葬小壺から、埋葬時期を弥生中期初頭に特定できる。さらに墓坑の北西部では金海式甕棺が一部露出していることから、墓坑の切り合いが少ない同遺跡ではめずらしく木棺墓に先行する甕棺墓を確認できた。

四号木棺墓は、多鈕細文鏡と銅剣二口が出土した梶栗浜《かじくりはま》遺跡（山口県下関市）と、上部構造が共通していたため、主体部の調査にあたって周囲から多くの期待が寄せられた。しかし、副葬されていたのは研ぎ減りした銅剣一口と小壺だけであり、玉類なども一切出土しなかった。標石の構造から、副葬遺物を予見することの難しさを学んだ。

4　被葬者をさぐる

北東を向いた墓と頭位

吉武高木の大型墓群には、二つの原理が強く作用している。まず、副葬品をもつ甕棺墓と木棺墓の主軸方向が北東方向に一五度から五一度の範囲におさまる点があげられる。これは墓の方向性に一定の規制が働いたことを示している。そしてもうひとつは、被葬者の頭位がすべて北東を向いていることである。

弥生中期中ごろの区画墓である浦江《うらえ》遺跡（福岡市西区）の場合、区画の内外をつなぐ陸橋が甕棺墓群の方向性に影響を与えた例がある。しかし、墓坑の掘り込みは差し違えているものが多く、したがって頭位の規制はない。このほか弥生中期の二列埋葬墓は、列の中央をはしる墓道によって墓の方向性が規定を受けている。墓制の原理と時間の経過によって織りなされる景観が、葬送儀礼の演出効果を高めたのである。

吉武高木の場合、区画の溝などは見つかっていないが、墓坑上に築かれた標石などの施設が後続する墓地の企画に影響したと考えられる。

中核墓からみえてくるもの

大型の埋葬施設を構成する一〇基の甕棺墓と四基の木棺墓の位置を見ると、木棺墓同士は隣り合うことなく、ある程度距離をおいて分布している。

吉武高木では、被葬者の性別や年齢を認定できる人骨は残っていないが、これまでの研究から、南海産の貝であるゴホウラの腕輪は男性、イモガイは女性というように、素材によって男女が区別されている場合がある。さらに武器は男性被葬者にともなうことが多く、小型の銅鏡は女性被葬者の持ち物という所見が確認されている。そうした事例を吉武高木に適用し、副葬品や装身具の内容を絡めて被葬者像を推測してみよう。そこで大型墓群のなかでも墓の構造や出土遺物の内容から、手厚く葬られた墓、「厚葬墓」とよばれるものを選び出してみた（図34）。

まず甕棺墓群のなかで外部施設がもっとも大きく、標石の基礎構造も手が込んでいるのは、一一七号甕棺墓である。墓坑が二段掘りになっている甕棺墓は一一〇号と一一七号だけであり、装身具にヒスイの勾玉をもつのも両者だけに限られている。一一七号の未使用ともいえる銅剣と、一一〇号のつくりのよい銅製腕輪に階層性の高さ、優位性がうかがえる。

つぎに木棺墓では、二号と三号が青銅器とヒスイの勾玉を含む装身具を保有している点で優位である。さらに二号木棺墓の銅剣が著しく研ぎ減りしているのに対し、三号木棺墓の武器類に使用痕跡が見られない点を考慮すれば、同じ青銅器でも実戦と宝器としての意味の違いがあったようだ。

以上四基の埋葬施設は大型墓群のなかで中核をなす存在として位置づけることができる（以後、これらを「中核墓」とよぶ）。四基の主軸は北東に三六度から五一度までわずか一五度の範囲におさまっている。なかでも三号木棺墓の被葬者は、副葬品の豊富さでは群を抜いている。

ついで手厚く葬られたのは、墓坑の規模や構造から

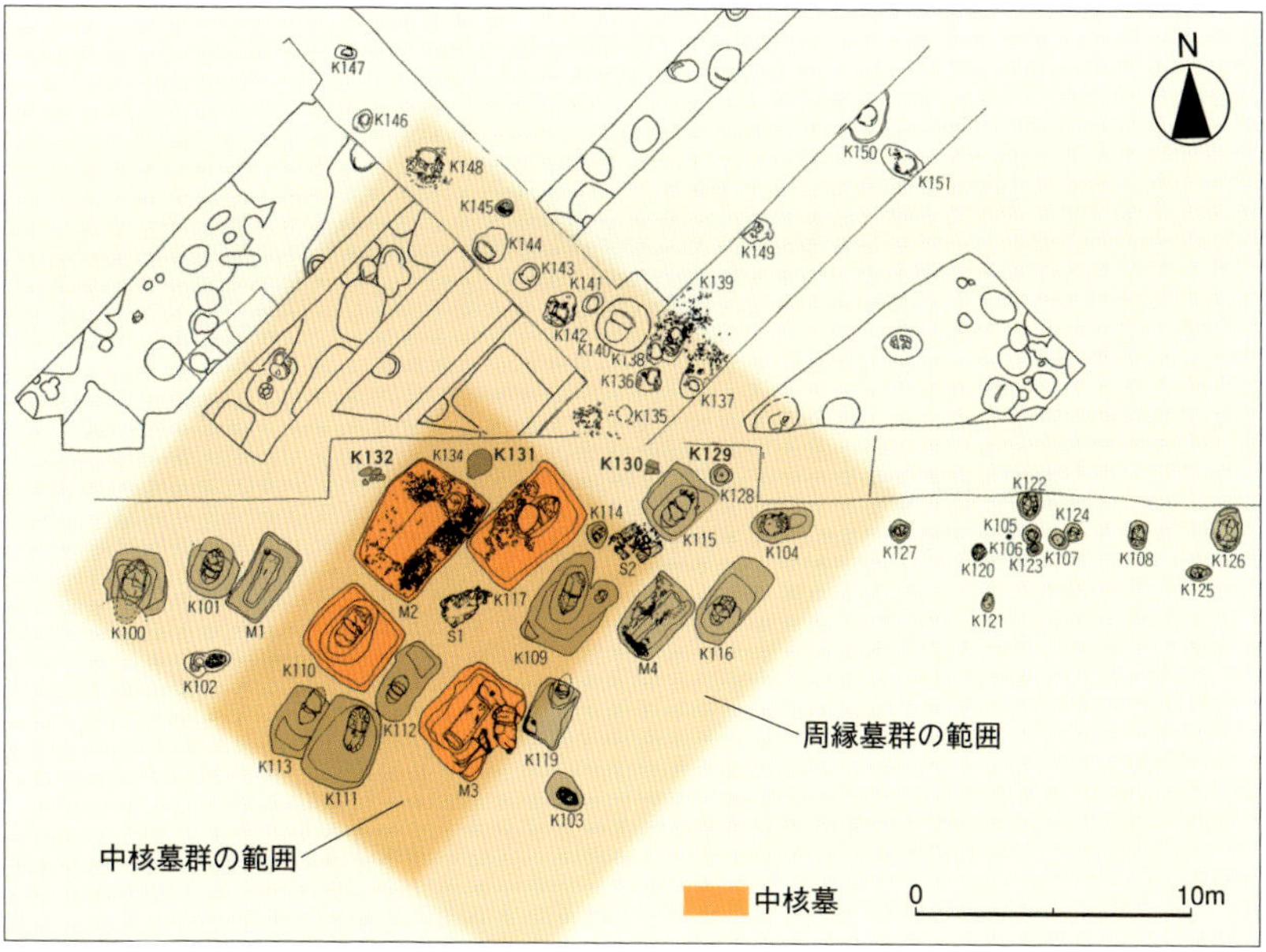

図34 ● 吉武高木の中核墓群と周縁墓群

一一七号甕棺墓と二号木棺墓の被葬者となるが、青銅器の型式は製作されてからの遍歴を示すものであり、勾玉の形状も二号木棺墓と一一七号甕棺墓では系譜が異なっている。木棺墓と甕棺墓を選択する経緯は明らかになっていないので、両者に優劣をつけることは困難である。

このほか一一一号・一〇九号甕棺墓のように管玉の装身具だけをもつ被葬者も、中核墓群に含まれる。これらの墓群に占める位置は、装身具を保有する人物の階層性の高さを示している。

図35 ● 115号甕棺出土の銅剣
周縁墓の副葬品。戦闘によるものか、先端部は欠損している。

周囲の被葬者

中核墓の周囲には、銅剣を一振り副葬するが、装身具はもたない埋葬施設が付随している。これらは墓坑の規模は小さく、標石などもコンパクトだったと考えられる。また墓の主軸方向は、北東に一七度から四六度まで、三一度の範囲におよんでおり、中核の墓群を意識しながらも、墓の方向性に厳密さが欠ける傾向がある。これらを中核墓群に対して、「周縁墓群」とよぼう。中核墓群をはさんで東西に対峙する一号木棺墓と四号木棺墓は、同列に配された木棺墓であり、細形銅剣を副葬する一〇〇号甕棺墓と一一五号・一一六号甕棺墓が対称的な位置にあることがおわかりいただけるだろう。

第3章　鏡・玉・剣

1　多鈕細文鏡

神器のプロローグ

いわゆる三種の神器は、歴代天皇に受け継がれた「鏡・玉・剣」の三つの宝物を意味する。吉武高木遺跡が「最古の王墓」といわれるのは、三号木棺墓から出土した「銅鏡・勾玉・青銅の武器」が神器のイメージと重なるためである。

三・四世紀代の前期古墳の副葬品を構成する銅鏡、勾玉、鉄製武器のセットについて、北部九州の弥生時代中期後半の甕棺墓の副葬品の組み合わせを起源とする考えがある。さらに東アジアの年代を楽浪郡設置以前までさかのぼると、国内では吉武高木遺跡の三号木棺墓が最古に位置づけられる。それぞれの遺物にはどのような意味が込められているのか。出土状況を交えながら考えていこう。

多鈕細文鏡とは

三号木棺墓出土の銅鏡、多鈕細文鏡《たちゅうさいもんきょう》（図36）は、朝鮮半島から北部九州、さらに本州にかけて分布している。その祖型となるのは多《た》鈕《ちゅう》粗《そ》文鏡《もんきょう》といい、遼東半島では遼寧《りょうねい》式銅剣にともなって出土する。中国東北地方の青銅器文化が源流とされる。

多鈕細文鏡の呼称は、考古学の草創期を駆け抜けた森本六爾《ろくじ》の命名によるもので、大正時代に国内で出土した梶栗浜（山口県下関市）、名《な》柄《がら》（奈良県御所市）、大県《おおあがた》（大阪府柏原市）出土鏡の調査をもとに提唱した（図37）。

多鈕とは、銅鏡の背面の中心から外れた位置に二つ以上の鈕（つまみ）があることをさしていて、なかには五つの鈕をもつものも知られている。これらの鈕は、衣服に懸下するのに重量を分散する機能がある。多鈕鏡がシャーマンの鏡とされる所以である。縁の断面はいわゆる蒲鉾形で、鏡面は、ゆるく窪んだ凹面になっている。これには太陽光線を集めて発火させる機能のなごりともいわれている。

細文は、粗文鏡とくらべて文様帯が髪の毛のように細密な幾何学文様で埋めつくされている

図36 ● **3号木棺墓出土の多鈕細文鏡**（径11.2cm）
鏡の背面を埋めつくす円や三角形の幾何学文は、東アジアの宇宙観が表現されているようだ。

ことによる。コンパスと定規で細かく割り付けられた文様帯は、鏡縁に接した円圏帯である「外区」と、鈕をとりまく円区である「内区」とに分かれ、内区と外区の間には「間区《かんく》」とよばれる円圏帯をめぐらすものがある。外区の鋸歯文から、太陽光線を幾何学的文様であらわしたとする説がある。

副葬と埋納

多鈕鏡は、朝鮮半島では粗文と細文の両方が出土している。その多くは墓の副葬品として青銅の武器や祭器をともなうことが多い。

日本列島で出土した多鈕細文鏡は一二面で、墓の副葬品として確実なのは約半数。そのうち甕棺墓にともなうのは四例である。梶栗浜

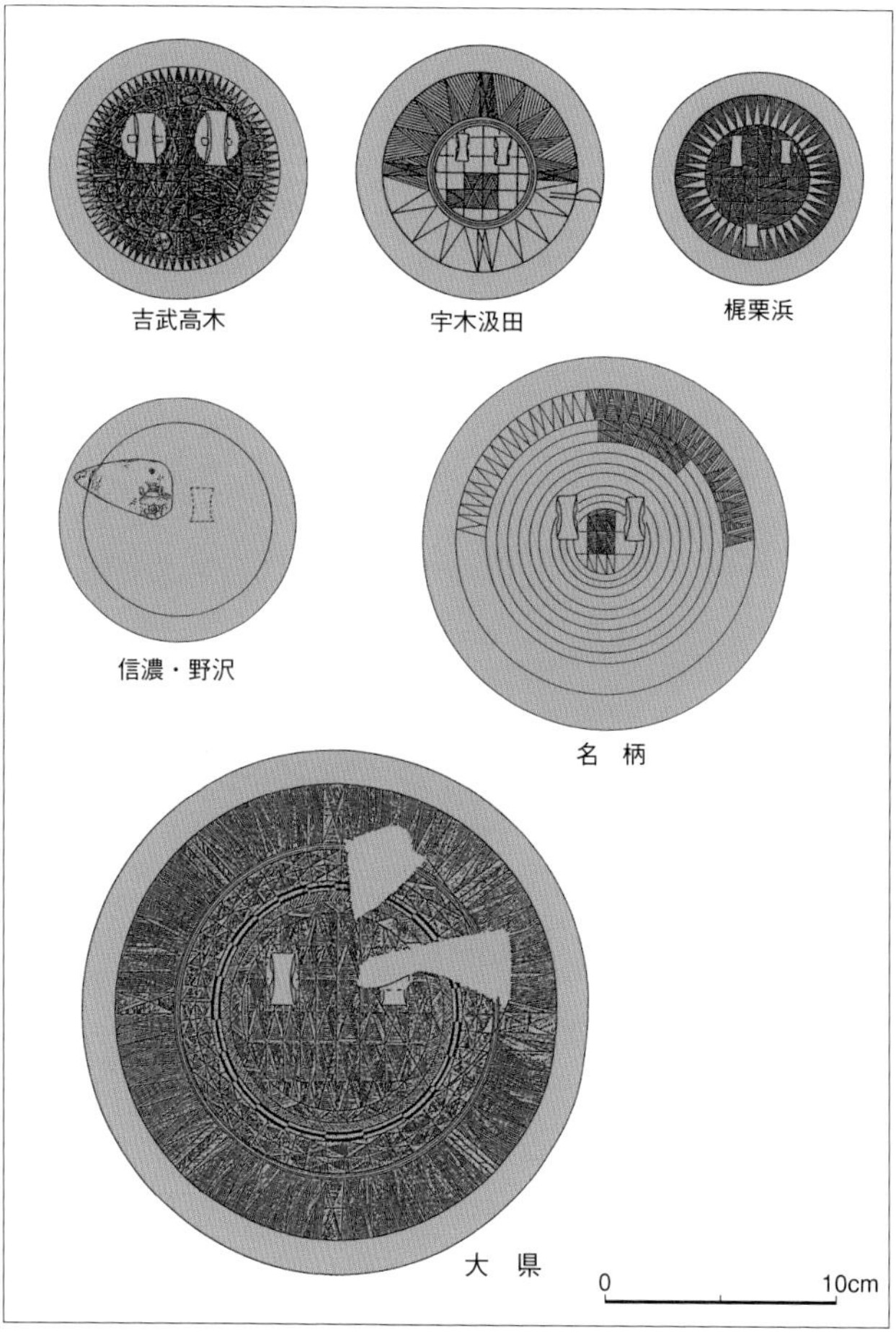

図37 ● **各地の多鈕細文鏡**
さまざまな文様構成があるが、型式の変化は「細密→粗」と「粗→細密」とする2つの説がある。

の主体部は石棺墓とされるが、吉武高木四号木棺墓のような標石をもっていたようだ。

信濃の野沢例（長野県佐久市）は、多鈕細文鏡の分布の東限である。鈕から鏡縁にかけての部分が、ティアドロップ形の装身具に加工され垂下のための孔があけられている。ヒスイの勾玉などと一緒に土器に収められていたことから、再葬墓であった可能性がある。

つぎに墓以外の例を見てみよう。名柄鏡の内区の不鮮明な文様は、伝世の際の手ずれによる摩滅ともいわれている。各面で文様構成の異なる流水文《りゅうすいもん》・横帯文《おうたいもん》銅鐸と一緒に発見された。面径二一・六センチで国内最大の大県鏡は、葡萄畑の開墾時に偶然発見されたものだが、森本六爾は、共伴遺物についての情報が皆無であることから墓地よりも埋納を有力視した。

北部九州でも埋納が確認された例がある。若山《わかやま》遺跡（福岡県小郡市）では、伏せた甕に多鈕細文鏡二面が鏡面を合わせた状態で収められていた。甕は中期中ごろで、前漢の文物が流入しはじめる段階にあたる。多鈕細文鏡と前漢鏡が同一の墓に副葬された例はなく、多鈕細文鏡の製作は、前漢の武帝が楽浪郡を設置した紀元前一〇八年ごろには終焉を迎えたようである。

2　勾玉・管玉・ガラス玉

異なる個性をもつ四つの勾玉

吉武高木遺跡では四つのヒスイ製の勾玉が出土した。これらヒスイの原産地は、藁科哲雄の蛍光X線分析によれば、すべて新潟県糸魚川産との測定結果が出ている。糸魚川ブランドのヒスイはすでに縄文時代以来、交易品として広域で重用されてきた。

吉武高木の四つの勾玉が光彩を放っているのは、それぞれが異なる特徴をそなえているからである（図38）。ヒスイ製勾玉は、弥生中期中ごろを境に、ガラス製の勾玉に代表される均整のとれた形へと統一されていく。それまでの勾玉は、獣形や緒締《おじめ》形といわれる「縄文系勾玉」が主流だった。

三号木棺墓の勾玉は、扁平な半月形で、胎児のような形状をしている。頭部と見立てられる個所に紐通しの孔があり「獣形勾玉」の典型である。

二号木棺墓の勾玉は、縦横に貫通する孔があるタイプで「緒締形勾玉」とよばれる。紐で表面を縛るための溝が複雑にまわっている。熊本大学の木下尚子は、緒締形勾玉が「緊縛」という行為に深くかかわって機能したと考え、装着された玉はほぼ全体が紐で覆われて玉本来の姿形は見えなかったのではと語る。

一一〇号甕棺墓の勾玉は、縦横に貫通する孔はあるが紐を縛るための溝はない。弥生の勾玉へ変化を志向しながら穿孔は縄文的な、両方の特性をとどめている。

一一七号甕棺墓の勾玉は、大きな円頭部と大きく屈曲した胴部をもち、弥生の定形勾玉として最古の段階に位置づけられる。

一一〇号勾玉と同様、緑色傾向が強くなる。

図38 ● 吉武高木の4つの勾玉
緒締形勾玉（左上）、弥生定形勾玉（右上）、
獣形勾玉（左下）、縄文的穿孔勾玉（右下）。

これら四例の勾玉は、すべて弥生中期初頭に埋葬された人びとの装身具である。しかしそれぞれの形や色調の差異は、個々の勾玉に秘められた来歴の違いを反映しているのである。

首飾りと腕飾りに使われた管玉

吉武高木遺跡で出土した管玉は、四六八個にのぼる。実測してみると、すべての管玉が先端を細いドリルで両側から孔が穿たれており、一貫した技術で製作されたことがわかる。

近年、これら碧玉製管玉の多くは朝鮮半島系とされ、およそ弥生中期の末まで安定的に供給された様子がうかがえる。管玉はヒスイの勾玉を垂下するためのネックレスと思われがちだが、勾玉は大型墓群では四個のみの出土であり、それ以外については管玉だけを用いた独自の装着法があったはずだ。

二号木棺墓では、被葬者の腰部で検出された管玉のサイズが見た目でもかなり大きく感じられた（図39）。頸部付近で検出された管玉九四個の平均値は全長〇・六八センチ、腰部で検出された管玉三九個の平均値は全長一・三〇センチ、計測値には大きな開きがある。このデータから、腰部で検出された大ぶりな管玉は、腕飾りだったことがわかる。

一一一号甕棺墓では九二個の管玉のほとんどが上甕に集中して検出されたため、二号木棺墓

図39 ● 2号木棺墓出土の勾玉と管玉
管玉は、全長によってネックレス（小・外側）とブレスレット（大・内側）とに使い分けられていた。

のように出土状況から装着部位を特定することはできなかった。そこで全長一センチを基準に分類したところ、大型管玉二四個の平均値は全長一・二四センチとなった。一方、それ以外の六八個の平均値は全長〇・六六センチで、二号木棺墓の頸部での管玉の平均値にきわめて近い。

　小型管玉の大型管玉に対する比率は、二号木棺では全長で五二パーセントであり、一一一号甕棺墓では全長で五三パーセントとなった。とくに全長の割合が相互に近似しているので、一一一号甕棺墓の大型の管玉は、被葬者の腕を飾っていたと推定される。ちなみに腕飾りとされる管玉は、筆者の手首を二巡した。管玉は装着部位に応じて使い分けられていたのである。

　碧玉製の管玉は、中期後半になると、立岩遺跡二八号甕棺墓のように、ガラス製装身具と組み合わさり、頭飾り（額飾り）とされる例もある。また近畿地方では、田能《たのう》遺跡（兵庫県尼崎市）の三号方形周溝墓《ほうけいしゅうこうぼ》にともなう管玉が質、量ともに群を抜いている。

一点だけ出土したガラス玉

　このほか一点だけだが、一一七号甕棺墓で検出されたガラス小玉も忘れてはならない。棺内の土を洗浄した際に見つかったもので、紫紺色で、径三ミリ、厚さ一・八ミリの扁平な形である（図40）。

　弥生中期初頭のガラス玉は、吉武高木遺跡のほか、東山田一本杉《ひがしやまだいっぽんすぎ》遺跡（佐賀県佐賀市）、土井ヶ浜《どいがはま》遺跡（山口県下関市）などで出土しているが、石製の玉類にくらべて出土例は稀である。一一七号甕棺の資料は、

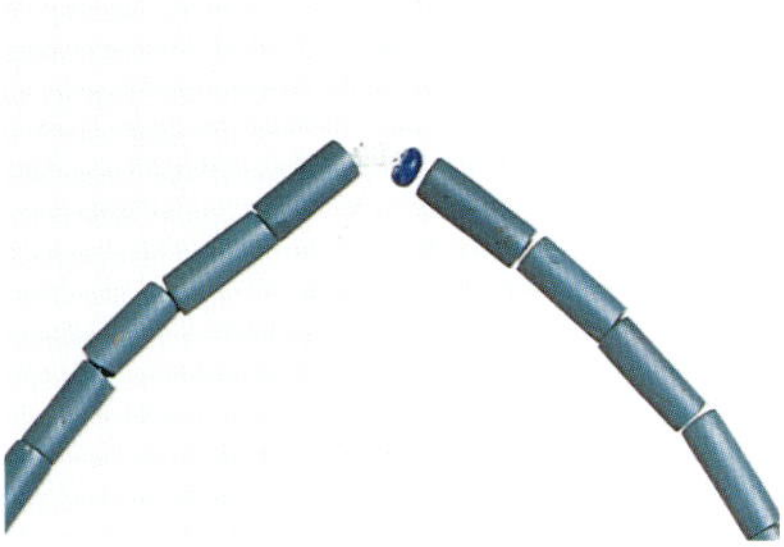

図40 ● 117号甕棺出土のガラス小玉
中央の丸みのある小さなもの。初期のガラス小玉は、北部九州と東北地方に分布がみられる。

成分分析をおこなっていないが、東山田一本杉遺跡のＳＪ〇一九甕棺と土井ヶ浜遺跡ではアルカリ石灰ガラス、東山田一本杉遺跡のＳＪ〇七八甕棺では鉛ガラスの分析結果が出ている。初期のガラス玉の生産地はまだわかっていないが、亀ヶ岡《かめがおか》遺跡（青森県つがる市）や大日向《おおひなた》Ⅱ遺跡（岩手県軽米町《かるまい》）など東北地方でも出土している。福岡平野の雀居遺跡では、弥生前期に搬入された大洞《おおぼら》式土器が出土していることから、糸魚川産のヒスイ同様、広域な交流によってもたらされた可能性がある。

3　青銅の武器

変身する銅剣

形もサイズも異なるふたつの銅剣がある（図41）。一見すると違うデザインだが、もともと同じ形だった可能性がある。わたしたちの身のまわりには、茶碗のようにつくられたときにプロポーションが決まってしまうものと、鉛筆や消しゴムのように使い込むうちに形が変化するものがある。青銅の武器は石を彫り込んでつくられた鋳型をあわせて、その隙間に銅と錫の合金を流し込んでつくる。鋳型からはずして刃を研ぎ出し、木製の柄と鞘を装着すると完成だ。

しかし、出土時の形は、つくられた後、銅剣がどのような遍歴をたどったかによって決まる。もし戦闘の結果、先端部が欠けてしまったら研ぎ直しをすればよい。すると剣の身幅も少しずつ狭まってくる。「もうこれ以上研げない」という状態まで研ぎこんだのが図41の右の銅剣で、つくってすぐに埋められたか、物騒なことに巻き込まれなかったのが左の銅剣である。さすれば、右の研ぎ減った銅剣の持主は、数々の修羅場をくぐった歴戦の勇者かもしれない。

伝来と製造の系譜

青銅器は、大陸から伝来してまもなく北部九州でもつくられるようになる。これは朝鮮半島から青銅器の製作技術をもった人びとが渡来したためと考えられている。したがって、初期の青銅器のなかには、国産か舶載品か判断が難しいものも少なくない。しかし、青銅武器を研究する宮井善朗は、朝鮮半島と北部九州の銅剣の研ぎ出しには微妙な違いがあると指摘する。仕上げを含めてまったく同一の製品はないのである。

たしかに北部九州では、古い銅矛の付け根には「耳《みみ》」といわれる半円のリングが付いている。またソケットの根元に「節帯《せったい》」とよばれる数条の輪を鋳出したものが多いが、朝鮮半島ではほとんど見られない。まだわかっていない青銅器工人集団の系譜があるのかもしれない。

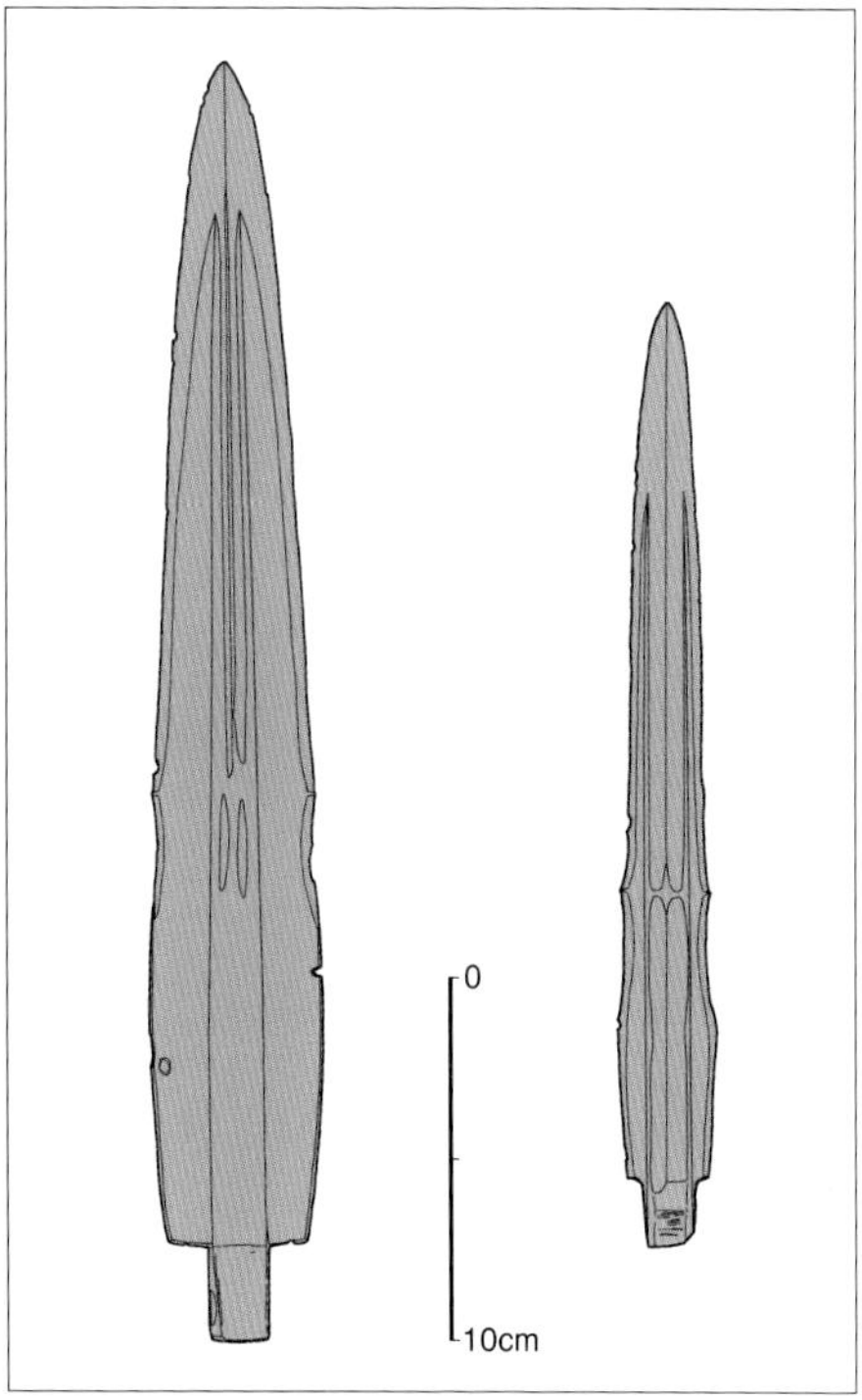

図41 ● 未使用の銅剣と研ぎ直された銅剣
左：鋳造後に刃が研ぎ出された状態の銅剣（117号甕棺墓）。
右：いく度も研ぎ直されて全長も身幅も研ぎ減ってしまった銅剣（4号木棺墓）。

武器形祭器への変質

弥生中期後半から後期にかけて青銅器は雨後の筍のように長大化が加速する。

この段階の青銅器は初期の細形に対して、中細《なかぼそ》形や中広《なかびろ》形、広《ひろ》形とよばれる。中広形の銅矛はすでに実用性を失い、刃を装飾的に研ぎ分けたものや、鋳造時に中空を保つために入れられた型持の粘土がとり出されないままになっている。銅戈も、着柄すると見えなくなる付根の部分に絵画や記号を鋳出すものが増える。いわゆる武器形祭器として変質をとげるのである。

中細形の銅矛・銅戈は、墓に副葬されることもあるが、中広形の祭器とともに埋納される場合もある。中期後半の青銅器が祭器として変容するのは、じつに興味深い現象である。

柄と鞘

銅剣は、本来、逆手に握って一対一で闘うため

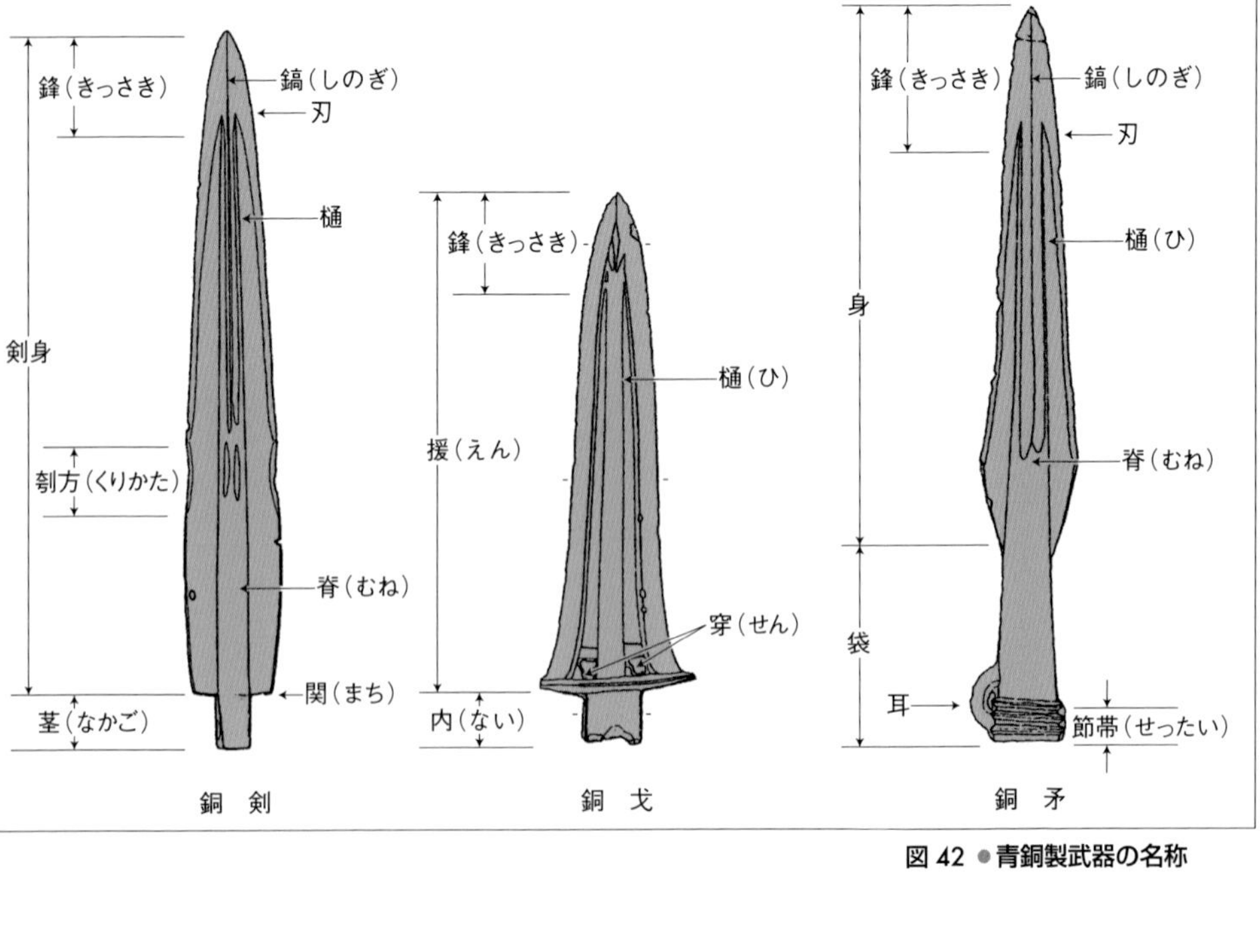

図42 ● 青銅製武器の名称

の武器だ。もともとは、吉野ヶ里遺跡出土の有柄《ゆうへい》銅剣のように柄や把頭飾《はとうかざり》があり、柚比本村《ゆびほんむら》遺跡（佐賀県鳥栖《とす》市）出土のように鞘《さや》もあったはずだが、木質はほとんど朽ちてしまっている。したがって、わたしたちが博物館などで目にするのは、柄や鞘をとり除いた金属の部分だけということになる。

吉武大石遺跡では、剣の装具が遺存しためずらしい事例がいくつか確認された。五号木棺墓の銅剣は、茎《なかご》部に柄の一部と刃部に沿って鞘が付着していた。茎に糸を巻いて、その上に樹皮のようなものを被せ、さらにその上からもう一度糸を巻いて、赤色の漆で塗り固めている。もうひとつは吉武大石遺跡の七一号甕棺墓から青銅片と一緒に出土した、碧玉の管玉を半分にたち切った三九点である。後に柚比本村遺跡で、銅剣の鞘飾りとして赤漆のなかに象嵌されていたのが話題となったが、同様の剣装具は吉武遺跡群においても存在していたのである。

肉厚と扁平の二種類の銅戈

「戈《か》」は、一般に聞きなれない名称だが、もともと刃を直角に近い角度で柄に装着する武器である。古代中国では刃先の曲がった武器として「句兵《こうへい》」とされ、東アジア各地に伝播して独自の変遷をとげた。日本列島に銅戈がもたらされたのは弥生中期初頭で、素材に応じて銅戈、石戈《せっか》、木戈《もっか》、鉄戈《てっか》、角戈《かっか》などの種類がある。

このうち銅戈は、当初から実用性にとむ肉厚タイプと、武器として機能したか疑わしい扁平で薄手な二つの系統が存在した。肉厚タイプは、吉武高木遺跡の三号木棺墓や吉武大石遺跡の一号木棺墓の銅戈が典型である。

一方、扁平なタイプは、吉武大石遺跡の五三号甕棺墓の銅戈がある。扁平な銅戈は、北部九州で一〇例ほど出土しているが、これまで朝鮮半島では確認されていない。実戦に耐えない作風は、初期の段階から祭器的な性格をもつ青銅の武器が存在したことを示唆するものだ。

吉武大石遺跡の一号木棺墓では、銅戈が、被葬者の頭部に先端をむけた状態で出土した（図43）。木柄の全長は石突《いしづき》がないのでわからないが、着柄した状態で副葬されたと思われる。

弥生中期後半になり、青銅器の多くが武器形祭器として長く幅も広く型式変化をとげるようになると、銅戈の刃部は扁平で、実戦には向かないものになる。そして墓の副葬品ではなく、いくつかを一まとめにして土坑にならべた状態で発見される。

原始絵画には、右手に戈、左手に楯を構えた人物を描いたものがある。近年、戈の柄とされる資料が、岡山市や滋賀・愛知県などで出土している。このなかには柄の長さが六〇センチほどで、先端部がゆるくカーブする木製品があり、絵画の構図を裏づけている。

図43 ● **吉武大石1号木棺墓の銅剣と銅戈の出土状態**
銅戈の先端は被葬者の頭のほうをむいており、着柄された状態で副葬されたようだ。

銅矛

弥生時代の矛は、槍のような突き刺す機能をもった武器である。付根の部分を木柄のなかに入れ込む槍に対して、矛はソケット部に柄を差し込んで使うところが異なる。さきほどもふれたように、日本列島で出土した矛にはソケットの付根に耳をもつものが多い。

吉武大石遺跡の四五号甕棺に副葬された銅矛は、根元に三条の節帯をめぐらせた立派なつくりである。ソケットに詰まった土を除くと、奥から刃物の加工痕がある矛の柄の先端部の木片が出てきた（図44）。国内の銅矛に木柄が残っていたのは初例で、実際に着柄していたことが証明された。甕棺墓に副葬する際に、柄を短く切断して供えたのであろう。

銅矛は、時期が降るにつれ祭器として長く幅も広く型式変化する。弥生中期の終わりから後期になると、鋳造時に中空にするために入れた中型（真土《まね》）をとり出さないまま、いくつかをひとまとめにして土中に埋めた状態で見つかることがある。武器としての機能を失った祭器は、弥生時代の終末まで製作された。

図44 ● 吉武大石45号甕棺出土の銅矛
柄を挿入するソケットになった部分から、木柄の一部が検出された（右）。

4　鏡・玉・剣の評価

倭人社会と漢帝国

弥生人の宝器に対する価値観は、前一〇八年、前漢の武帝が朝鮮半島に楽浪郡を設置したことによって大きく転換する。当時の状況を示す記録が、『漢書地理志』の「歳時をもって来たりて献見する」の一節にあらわれている。前一世紀ごろ、漢帝国の強大な権力を知った倭人の部族、百余国のうちのいくつかは、漢の皇帝に対して朝貢を開始したのである。

漢代の印章制度は、異民族の支配層にも官位と印綬を与えることで皇帝を頂点とする秩序、冊封体制に組み入れる外交政策である。この冊封体制への参画に意欲を示した北部九州の首長層は、弥生中期後葉になると、銅鏡に代表される漢代の文物を宝器の頂点と位置づけた。

青銅の武器よりもヒスイの勾玉

吉武高木遺跡の時代は、その前段の金属器が流入し製作が開始された時期である。すでに弥生前期から磨製石剣や磨製石鏃など武器や小壺の副葬ははじまっていたが、弥生中期への移行は、石器に金属器が加わる画期を意味している。

弥生中期前半、首長層の青銅器のとらえ方は、平野ごとに異なっていたようだ。たとえば唐津の宇木汲田遺跡や佐賀の増田《ますだ》遺跡（佐賀県佐賀市）・本村籠《ほんそんごもり》遺跡（佐賀県佐賀市）の墓制をみると、多鈕細文鏡や青銅の武器を副葬する甕棺墓の規模や構造は、必ずしも集団墓のなかで突出しているとはいえない。

吉武高木遺跡の大型墓群の中核を構成する二号・三号木棺墓、一一〇号・一一七号甕棺墓の四基すべてに共通するのは、青銅の武器ではなくヒスイの勾玉である（図45）。一〇九号や一一一号甕棺墓など碧玉製の管玉の装身具をもつ墓が、大型墓群の中核を構成するのはたんなる偶然ではない。吉武高木遺跡では、実戦を経て研ぎ直された青銅の武器よりも、ヒスイの勾玉に代表される装身具に、より高い階層性が与えられていたのである。

このほか三号木棺墓や一一七号甕棺墓にともなう使用痕跡のない銅剣・銅戈は、実用性だけを優先したと思えない重厚な雰囲気をたたえている。

扁平な銅戈のように、祭器的な性格をもつ青銅器は中期の前葉には存在するので、使用痕跡のない銅剣のなかにも、武器形祭器の先駆けといえるものが含まれているのかもしれない。

図45 ● 110号甕棺出土の装身具
吉武高木のアクセサリーには、青銅武器にまさる権威が込められていた。

第4章　弥生人の精神世界

1　甕棺に描かれた鹿と鉤文様

姿をあらわした二頭の鹿

一九八五年二月から三月にかけては雨の日が多かった。ある時、調査区にたまった水を抜くためブルーシートを外すと、なんと甕棺がプカプカと浮かんでいる。完形の土器が浮力で押し上げられたとはいえ、特異な光景だ。三人がかりで地上に抱きかかえると、甕棺の口縁下に描かれた二頭の鹿が目に飛び込んできた。九州最古の絵画発見の瞬間である（図46）。

この一一二号甕棺（図47）に描かれた鹿をよく観察すると、二頭の鹿は頭の描写が異なっている。上に描かれているのは、枝分かれした角をもつ牡鹿で、下に描かれているのは、角のない雌鹿か、角が生えていない時期の牡鹿のようだ。

躍動感に満ちた動きが、ためらいのない線でみごとにとらえられている。互いに方向をたがえているが、作者は戯れる鹿を無駄のない筆致で表現したのであり、逆方向に疾走するさまを描いたのではない。二頭のあいだのスペースは空間的な広がりを感じさせる。

鎮魂と再生への祈り

これまでに発見された絵画のある甕棺は六例にのぼるが、すべてに共通する画題は、鹿である。鹿は弥生時代の絵画の半数以上を占め、土器や青銅器、木製品などさまざまなものをキャンバスとして描かれた。その分布は、西日本から東日本まで広域にわたっている。『古事記』や『日本書紀』、『風土記』に登場する鹿は、農耕儀礼や地霊と関連のある動物として描かれている。

図46 ● 112号甕棺に描かれた2頭の鹿
躍動感がみなぎる原始絵画の白眉。上の鹿は枝分かれした立派な角をもつ。下は角が生えていない時季の牡鹿か。

たとえば陵墓《りょうぼ》を造営する際、倒れた鹿の耳から百舌鳥《もず》が飛び去る光景（『日本書紀』巻第十一）は、まさに土地に宿る精霊が立ち去ることを意味する。また『播磨国《はりまのくに》風土記』にある、生きた鹿の腹を割いて種籾を播いたところ一夜のあいだに苗となった陰暦五月の夜の出来事（讃容《さよ》郡の由来）は、鹿の霊力と農耕儀礼の深い結びつきを示している。

　こうした文献に先行する弥生時代の鹿は、どのようにとらえられていたのだろうか。

　原始絵画では、抜けかわる牡鹿の角に、稲の発芽から刈り入れまでのサイクル、さらに生命の再生を重ね合わせていたようだ。その根底にあるのは、死者は祖霊の仲間入りをし、祖霊はふたたび新たな生命として生まれかわるというような再生観だ。甕棺に刻まれた鹿から、世を去った者への鎮魂と再生への祈りを感じとることができる。

　一一二号甕棺の高さは六四センチで、大型墓群のなかでは小さく、特別な副葬品も供えられていなかった。しかし、中核墓である三号木棺墓と一一〇号甕棺墓のあいだに位置していたことから、将来を嘱望されながらも夭逝した人物像がうかぶ。

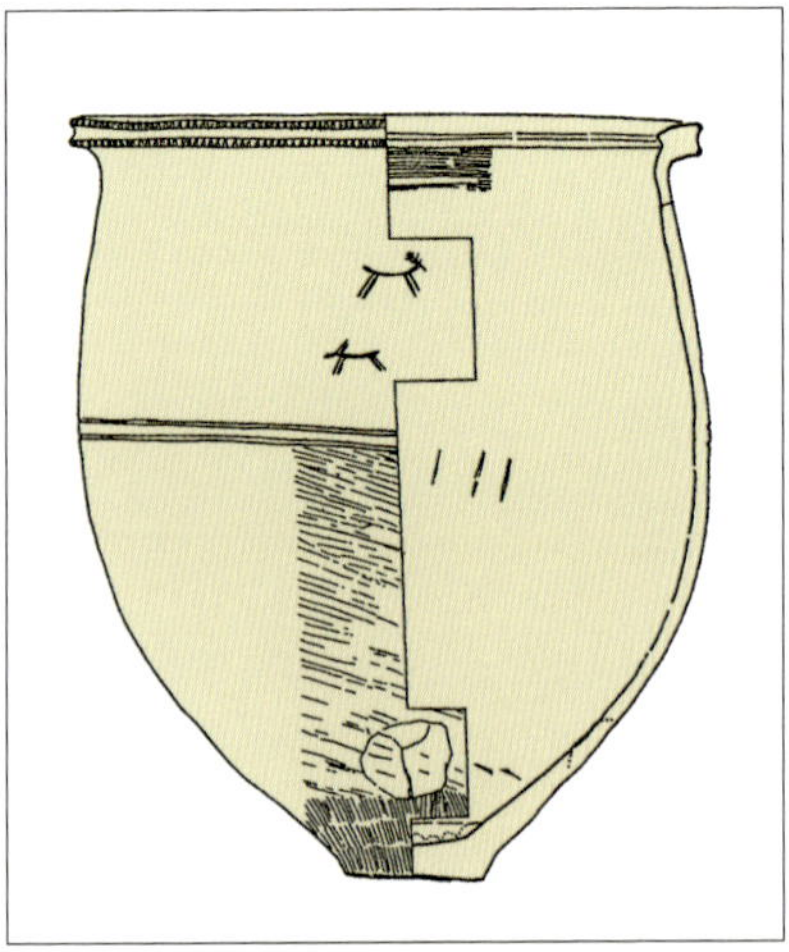

図 47 ● 112 号甕棺の鹿の描かれた位置
高さ 64cm。鹿の絵は地面の方を向いて埋まっていた。低部近くに焼成前の孔の補修痕がある。

北・中九州に広がる鉤文様

吉武高木遺跡の南西二〇〇メートルのH区では、三二基からなる甕棺墓群の調査が同時に進められていた。このうちH区の一六号甕棺墓は、壺の形状をとどめた土器棺を単独で使用した「単棺」とよばれる埋葬形式である。水を浸したスポンジで清掃の仕上げにかかると、土器の上半部に、釣針や自在鉤《かぎ》に似た文様のレリーフが徐々に姿をあらわした（図49①）。

この一六号甕棺の文様は、わたしの脳裏に焼きついた。そこで、後に「鉤文様」とよばれる釣針状の線刻やレリーフのある甕棺を、九州各地の資料から集成してみると、唐津から福岡と佐賀平野、中九州の一二遺跡の一五例が確認された。

弥生前期後半から中期はじめにかけて、福岡と佐賀の県境をまたぐ背振の山塊を中心とする径五〇キロの範囲と、熊本県北部の分布が明らかになった。広域な分布は、この種の施文が偶然に存在したのではなく「一定の時間と空間のなかで共有されたイメージ」であることを示している。

レリーフや沈線であらわされたこれらの文様は、AからDまで四つに分類できることがわかった（図48）。

鉤文様の意味

鉤文様は、甕棺の記号のなかでもっとも多い。なかでも都留《つる》遺跡（佐賀市）の三六五号甕棺には、鉤状文の意味を考えるヒントとなる線刻がある（図49②）。その線刻とは、「二つの鉤を背中合わせに配した施文（双鉤《そうこう》）」、「鳥の胴体のような線刻と下か

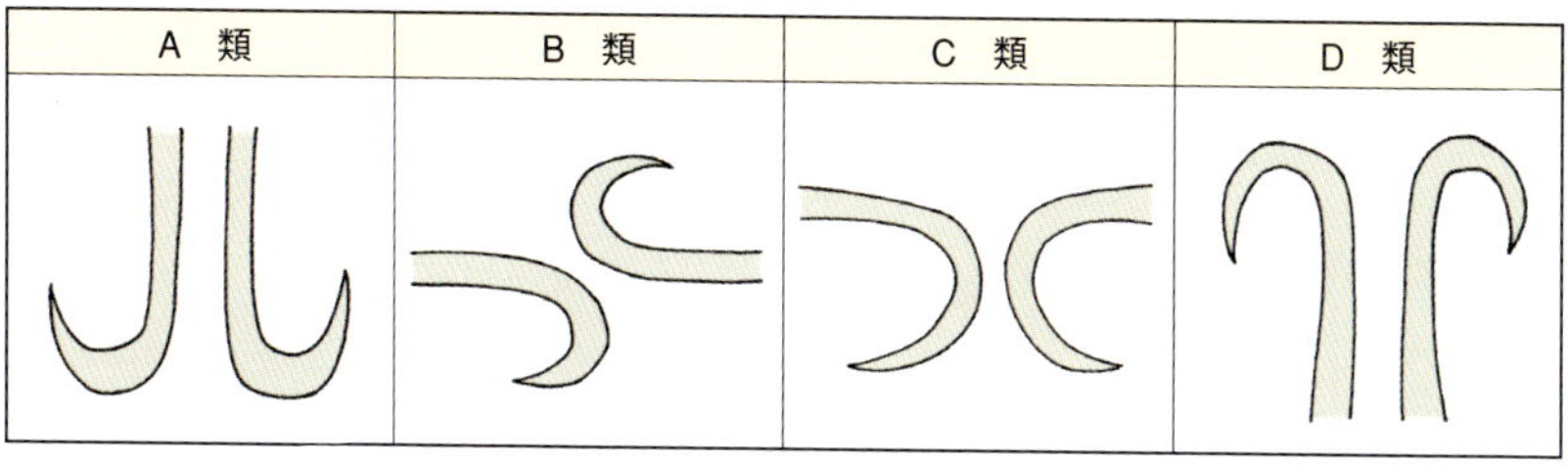

図48 ● 土器や青銅器に共通する4種の鉤文様

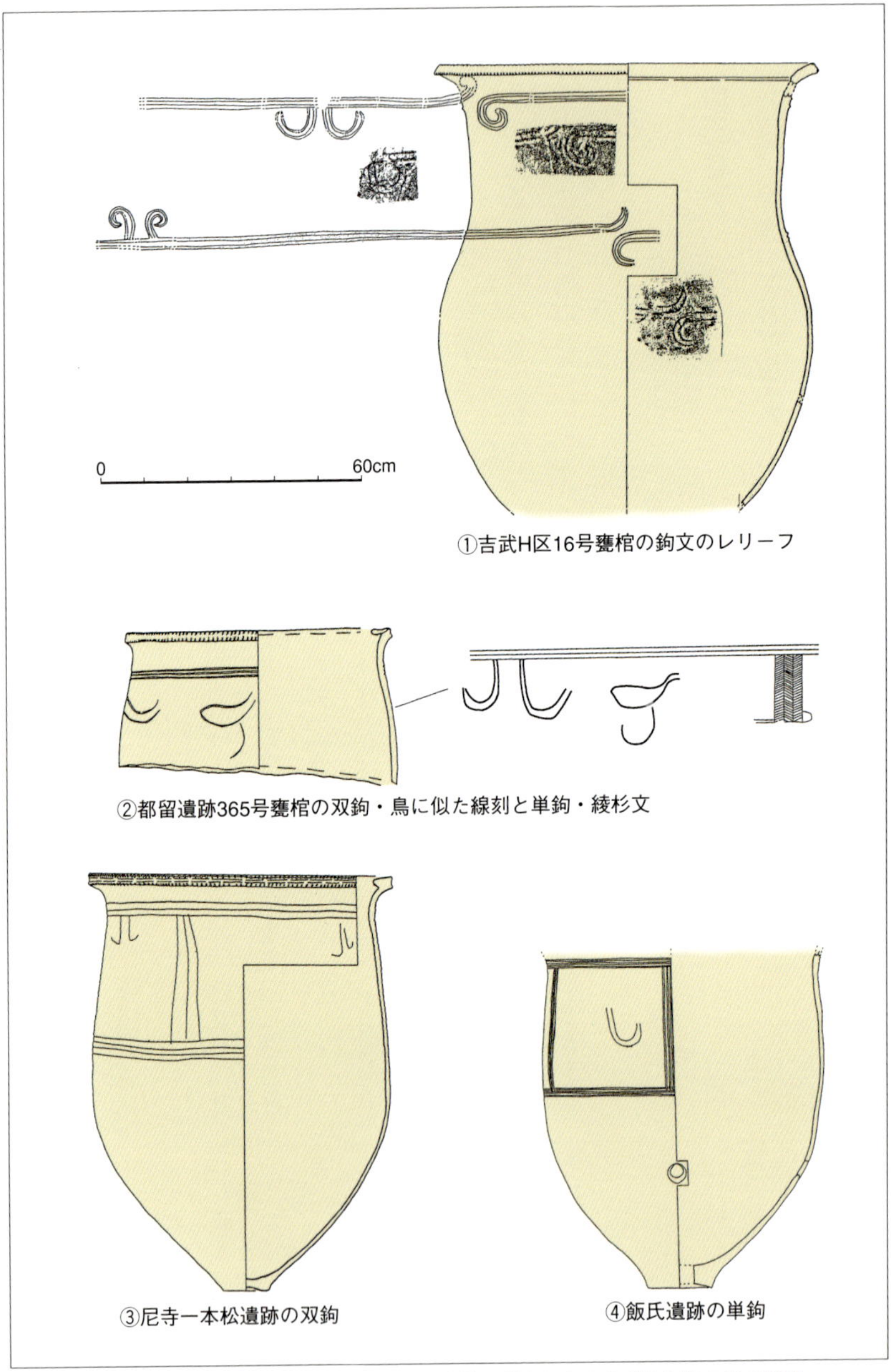

図 49 ● 甕棺に描かれたさまざまな鉤文状の線刻
文様には、死者へのメッセージが込められている。

ら伸びる左曲がりの鉤（単鉤《たんこう》）」、そして「縦方向の綾杉文《あやすぎもん》」の三つで構成されている。

平城宮出土の隼人楯《はやとのたて》を研究した坪井清足《きよたり》は、楯に描かれた「逆S字」の文様について、古代史研究の岸俊男が指摘した楯の背面の線刻や墨書が「海幸、山幸」の伝承とつながることから、釣針を象徴するものと解釈した。このなかで人類学者、金関丈夫が指摘した、「釣針」を楯に描いて魔避けとしたスマトラの事例を援用した。一方、豚の下顎骨懸架の習俗に着目した春成《はるなり》秀爾《ひでじ》は、鉤形について、死者に侵入する邪霊を祓う「辟邪《へきじゃ》」に加えて、身体から抜け出そうとする魂を引っかけてつなぎとめる「拘禁《こうきん》」の効用を説いた。

こうした先学の指摘を踏まえて都留遺跡の図像を見ると、中央にある鳥の胴体のような線刻は、「浮遊する霊魂」を鳥になぞらえたものと考えることができる。双鉤は、浮遊する霊魂と対比するとき、いわば辟邪の意味が込められているようだ。双鉤が辟邪とすると、単鉤は、霊魂から派生した鉤であり、拘禁を意味したものといえるだろう。

2　絵画と文様の広がり

絵画と文様のある甕棺と初期青銅器をともなう集団墓

絵画や記号を刻んだ甕棺は、全体の一パーセントにも満たない稀少なものだ。しかし甕棺というキャンバスには、弥生人の死生観をキーワードにして、心の風景を解読する手がかりが隠されている。こう直感したのは、一九八四年の夏、東山田一本杉遺跡の甕棺の線刻に関する記事を読んだころである（図50）。吉武高木遺跡で、鹿を刻んだ絵画と鉤文様を駆使したレリーフに遭遇したのはその直後だった。

その後、弥生時代の甕棺に描かれた絵画と記号の集成を進めるうちに、その分布域と初期青銅器をともなう集団墓が位置的に近接していることがわかってきた。そして絵画や記号が出現する背景に、青銅器を保有する集団が深く関与していると考えるようになった。

一九九七年、三国丘陵周辺の大木《おおき》遺跡（福岡県筑前町）で、鹿と建物群が描かれた甕棺、二〇〇一年には、三沢ハサコの宮遺跡（福岡県小郡市）の鹿と人物が描かれた甕棺が相次いで発見された。天神《てんじん》ノ元《のもと》（佐賀県唐津市）で鹿と鉤の両方を描いた甕棺の発見が報じられたのは、二〇〇四年である。吉武高木遺跡の調査からおよそ二〇年で、鹿と鉤が出そろった。

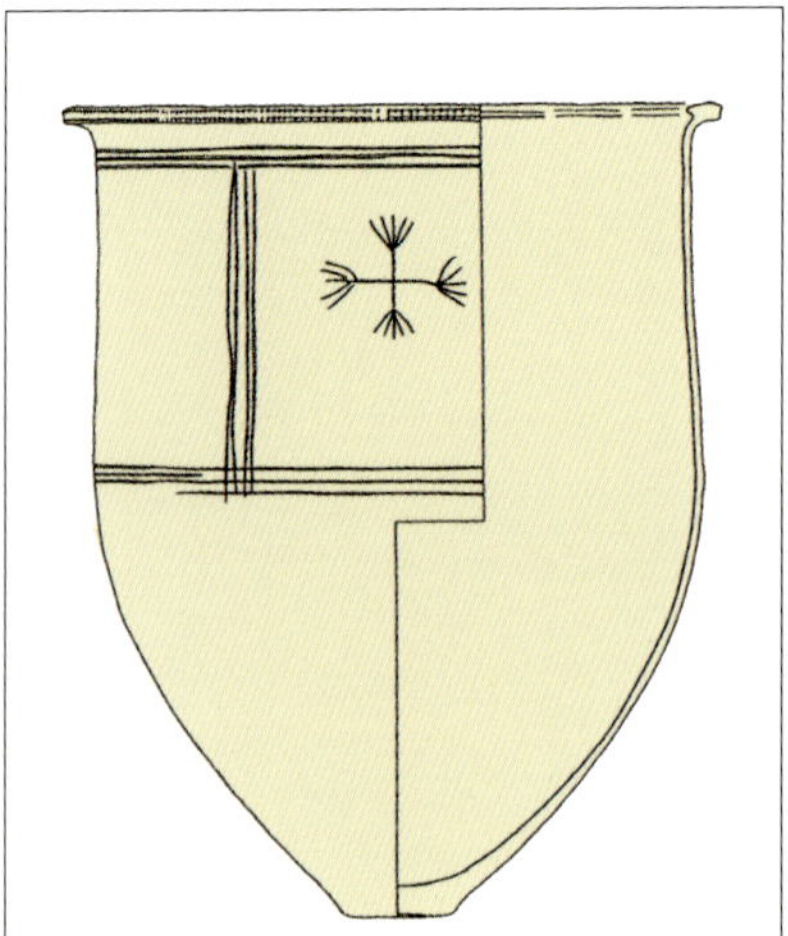

図50 ● 東山田一本杉遺跡30号甕棺の線刻
高さ90cm。十字に配した「稲魂」は三沢ハサコの宮の人物表現に継承される。

絵画と記号の複合

大木遺跡の九二号甕棺は、コ字形の区画溝のなかに置かれた甕棺墓二基のうちの一つだ。ここでは鹿の輪郭線に黒色顔料を塗り込めて、大小二頭の鹿が描かれている（図51①）。その背後の長方形と縦方向の線の集合は、掘立柱建物をあらわしたものである。

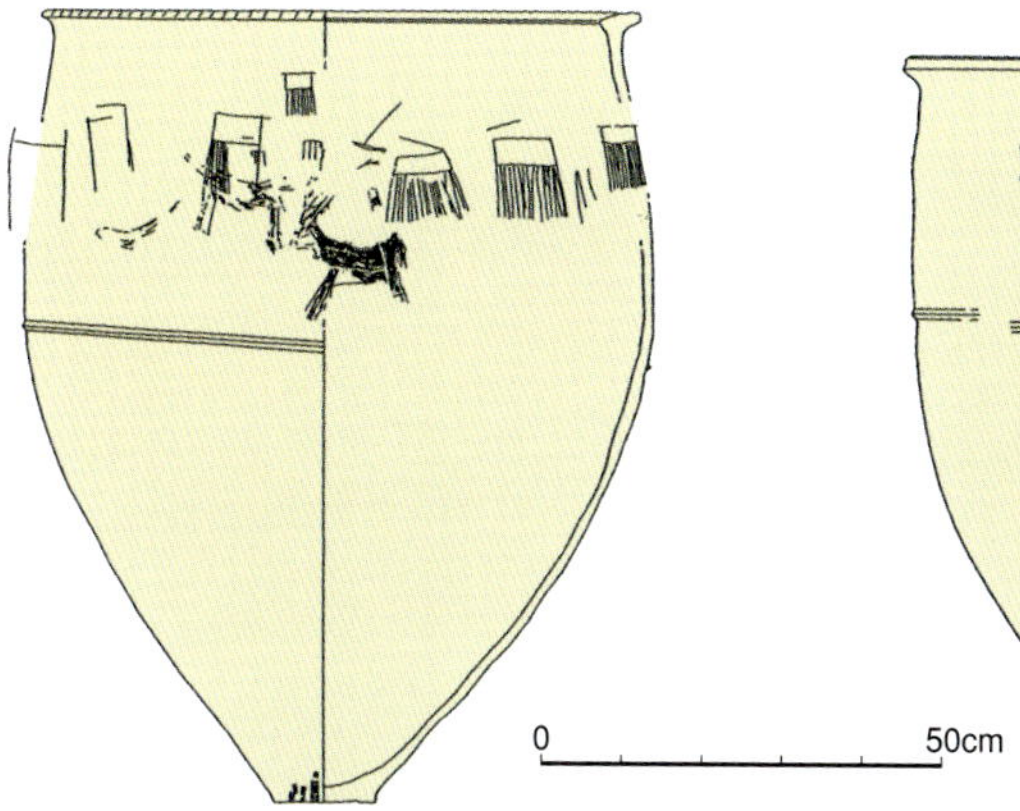

①大木遺跡92号甕棺の
鹿と掘立柱建物

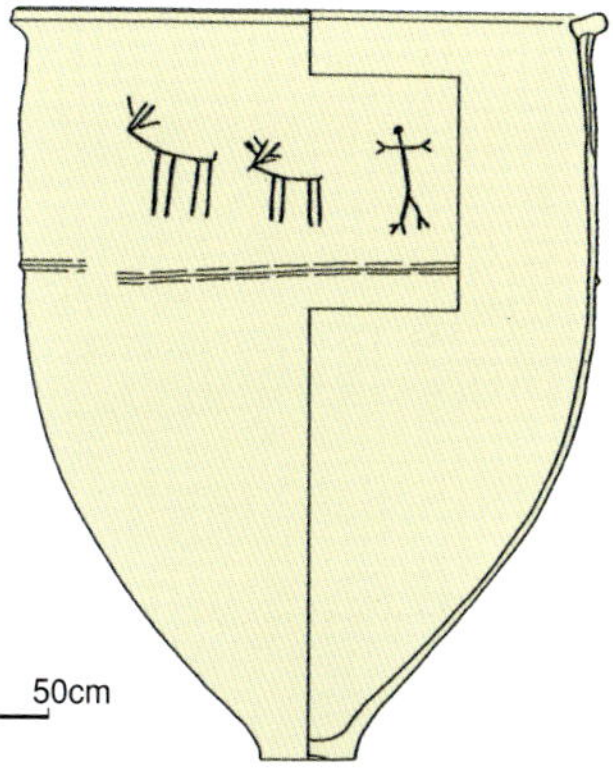

②三沢ハサコの宮遺跡
22号甕棺の鹿と人物

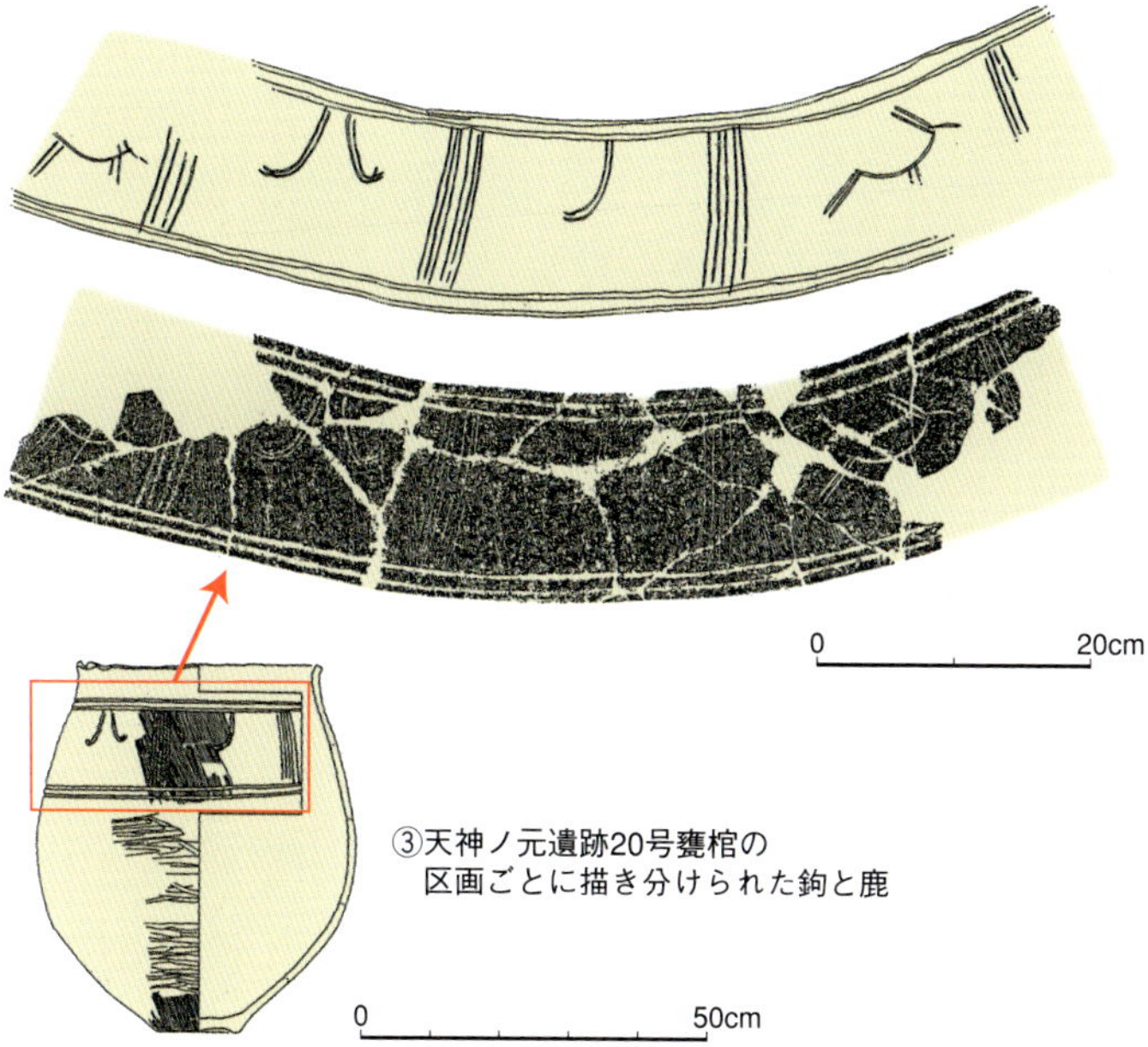

③天神ノ元遺跡20号甕棺の
区画ごとに描き分けられた鉤と鹿

図 51 ● 甕棺に描かれた絵画と鉤文様
絵画のある５つの甕棺すべてに共通する画題は鹿。

立ち並ぶ建物群は、たんなる集落の一風景ではなく、高床倉庫におさめられた種籾、すなわち「稲魂《いなだま》」の象徴だろう。左端のH字の構造物は、集落の出入り口だろうか。

三沢ハサコの宮遺跡の二二号甕棺は、左向きに並ぶ二頭の牡鹿と腕を水平に広げた人物が描かれている（図51②）。鹿の頭はV字形で、左の大きい鹿は二枝、中央の鹿は一部三枝の角が描かれている。人物の上半身は十字形で表現され、脚部は二叉に分かれる。頭に羽根飾りなどの描写は見られない。上半身を十字形であらわすのは、東山田一本杉遺跡の三〇号甕棺の線刻に通じる。両手を広げて立つ人物は、本来十字であらわされた「稲魂」が原作なのである。

絵画と記号のある天神ノ元遺跡の二〇号甕棺は、甕棺の口縁下に刻まれた区画に左から鹿、先端が左右両側に開く鉤状文（双鉤）、単独の鉤状文（単鉤）、鹿の順で、四種の絵画と記号が、あたかもコマ送りのように並んでいる（図51③）。右向きに刻まれた二頭の鹿は、一方は頭部を欠損しており、もう一方は角の枝分かれを確認できないため角が表現されているかどうか定かでない。躍動感のある鹿の筆致は、吉武高木一一二号甕棺の描写にもっとも近い。

天神ノ元遺跡の甕棺の発見によって、弥生中期初頭段階から、「鹿と鉤」がすでに密接な関係にあることが明らかとなった。

さらに次ページ以降でみるように、弥生中期中葉の銅戈の付根に鋳出された「鹿と鉤」は、中期後半になると、九州では銅鐸鋳型や琴板《こといた》、瀬戸内では平形銅剣の意匠にあらわれる。巨視的な流れをみると、それらの意匠は偶発的ではなく、北部九州の甕棺に描かれた絵画と記号を出発点として成立したことを示している。

3　武器形青銅器の鹿と鉤

銅戈に鋳出された鹿

「銅戈」は中期中ごろから後半になると、全長も長く、幅も広く、型式変化したタイプの付根に、鹿や人面などの絵画やさまざまな記号を鋳出したものが登場する。

鹿を鋳出した中細形銅戈には、隈《くま》・西小田《にしおだ》遺跡（福岡県筑紫野市、図52）、原町《はるまち》遺跡（福岡県春日市）、大板井《おおいたい》遺跡（福岡県小郡市）の三口がある（図53）。隈・西小田遺跡の二二号銅戈は、角のない鹿が頭を鋒《きっさき》にむけた位置に鋳出されている（図53①）。原町遺跡の一〇号銅戈は、各面に大小の鹿が頭を鋒と逆にむけた位置に鋳出されている（図53②）。大板井遺跡のものは、茎の一部を欠損するが各面の拓本を重ねると角のない鹿が鋳出されていることがわかる（図53③）。

伝信濃小谷《こたに》村出土とされる大阪湾型銅戈の茎《なかご》には、動物と複合鋸《きょ》歯文《しもん》が鋳出されている。浮彫状にあらわされた四足獣は、鹿を表現したものであろう。

銅戈に鋳出された鉤

鉤を鋳出した銅戈は、中細形四口で確認できた（図54）。

出雲の真名井《まない》遺跡出土の中細形銅戈は、一六六五年（寛文五）、

図52 ● 隈・西小田遺跡の銅戈に鋳出された鹿

出雲大社東方の大石の下から出土したとされる。型式から北部九州からの将来品であろう。茎の片方に鮮明ではないが、単鉤が鋳出されている（図54①）。

原町遺跡ではふたつの銅戈に確認でき（図54②③）、一一号銅戈には茎部の各面に双線と単鉤の鉤状文が鋳出されている。単鉤は、いわゆる釣針のような形状で先端部は鋭く尖っている。

大松山《おおまつやま》遺跡（熊本県大津町）の銅戈は、原町の二つの銅戈とくらべ鉤の先端部は丸みを帯びシャープさを欠くが、双鉤と単鉤を描き分けた確実な例として注目される（図54④）。

以上の四つの銅戈は、製品や鋳型の分布からすべて九州北部で生産されたと推定される。

銅戈に表現された鉤は、双鉤と単鉤が明確に描き分けられている。中期初頭の甕棺にみられる鉤を描き分けた事例をもとに、双鉤を

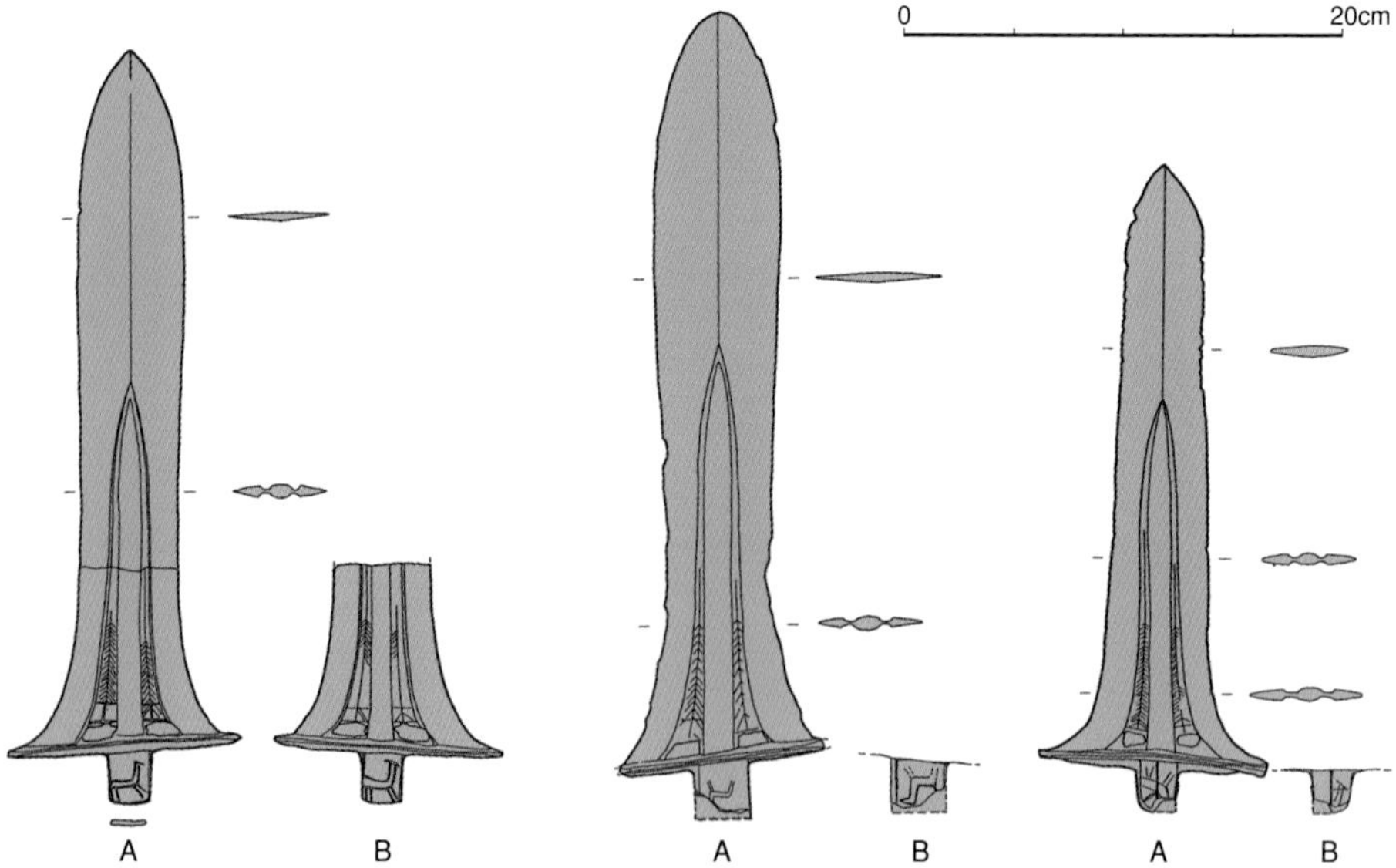

①隈・西小田遺跡22号銅戈　②原町遺跡の10号銅戈　③大板井遺跡の銅戈

図 53 ● 銅戈に鋳出されたさまざまな鹿
弥生人が、柄をつけると見えなくなる部分に、
絵画や記号を鋳出した理由は謎だ。

「辟邪」、単鉤を「魂から派生する鉤とするコンセプト」が、銅戈に継承されたことを示している。

平形銅剣に鋳出された鹿と鉤

一方、瀬戸内地方に目をむけると、銅戈に共通する意匠は平形銅剣にもみられる。江戸時代の考古研究の草分け、藤貞幹《とうていかん》の『考古日録』に収載された安芸国《あきのくに》諸延《もののべ》八幡《はちまん》社遺跡（広島県広島市）出土とされる銅剣七口のなかの一口に、茎をはさんで関《まち》から鋒にむかって外側に開く一対の鉤状文を鋳出した銅剣があることは古くから知られている（図55④）。

このほか伊予の朝倉下保田《あさくらしもほだ》遺跡では、共伴した五口のうち、二口の銅剣に鉤状文が鋳出されている。三号銅剣は、一方の面で樋の突起部付近で鉤状文がそれぞれ茎にむかって伸びている。反対側の面には、茎をはさんで両

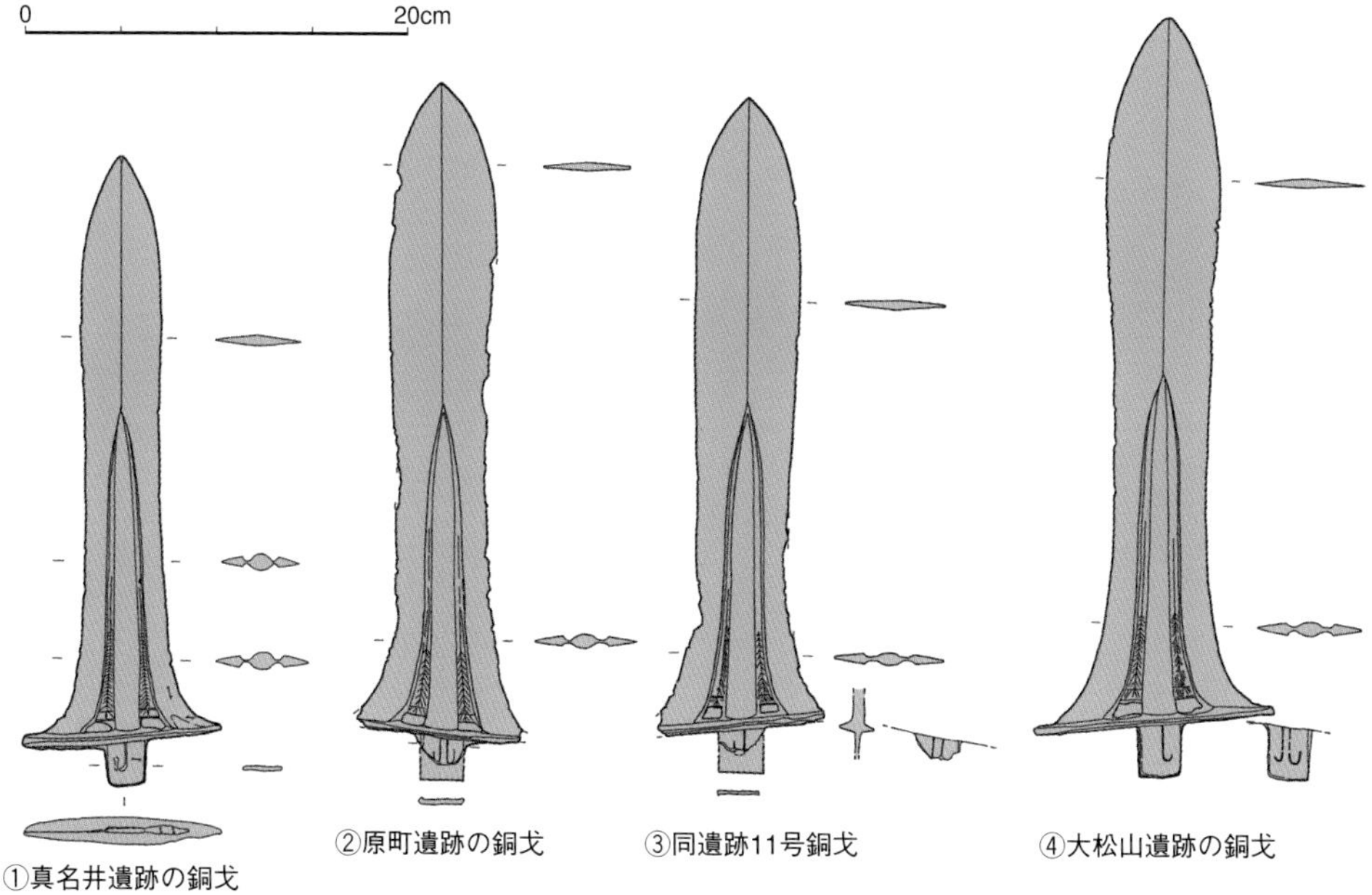

図54 ● 銅戈に鋳出された双鉤と単鉤
弥生人は、面によって双鉤と単鉤をはっきり分けて表現した。

側の関から鋒にむかって伸びる鉤状文がある。その左側の鉤の延長上には角のない鹿が鋳出されていることから、鹿と鉤が意図して組み合わせられた事例である（図55①）。

平形銅剣に鋳出された鉤状文は、これまで五口で確認され、突起部が発達した新段階のⅡ式に分類される。型式にそって整理すると、もっとも突出部が発達した瑜伽山《ゆかさん》（岡山県倉敷市）の銅剣にやや後出する要素があるが、残る四口はⅡ式でも古相に位置づけられる。

瑜伽山の二号銅剣には、関から鋒にむかって伸びる二つの釣針を背中合わせに配した双鉤が両面に鋳出されている（図55②）。熊野神社裏（広島県福山市）出土の銅剣は、一方の面の意匠が付着物のため判然としないが、樋から突起部にむかって派生する鉤状文と、関から鋒にむかって伸びる双鉤が鋳出されている（図55③）。

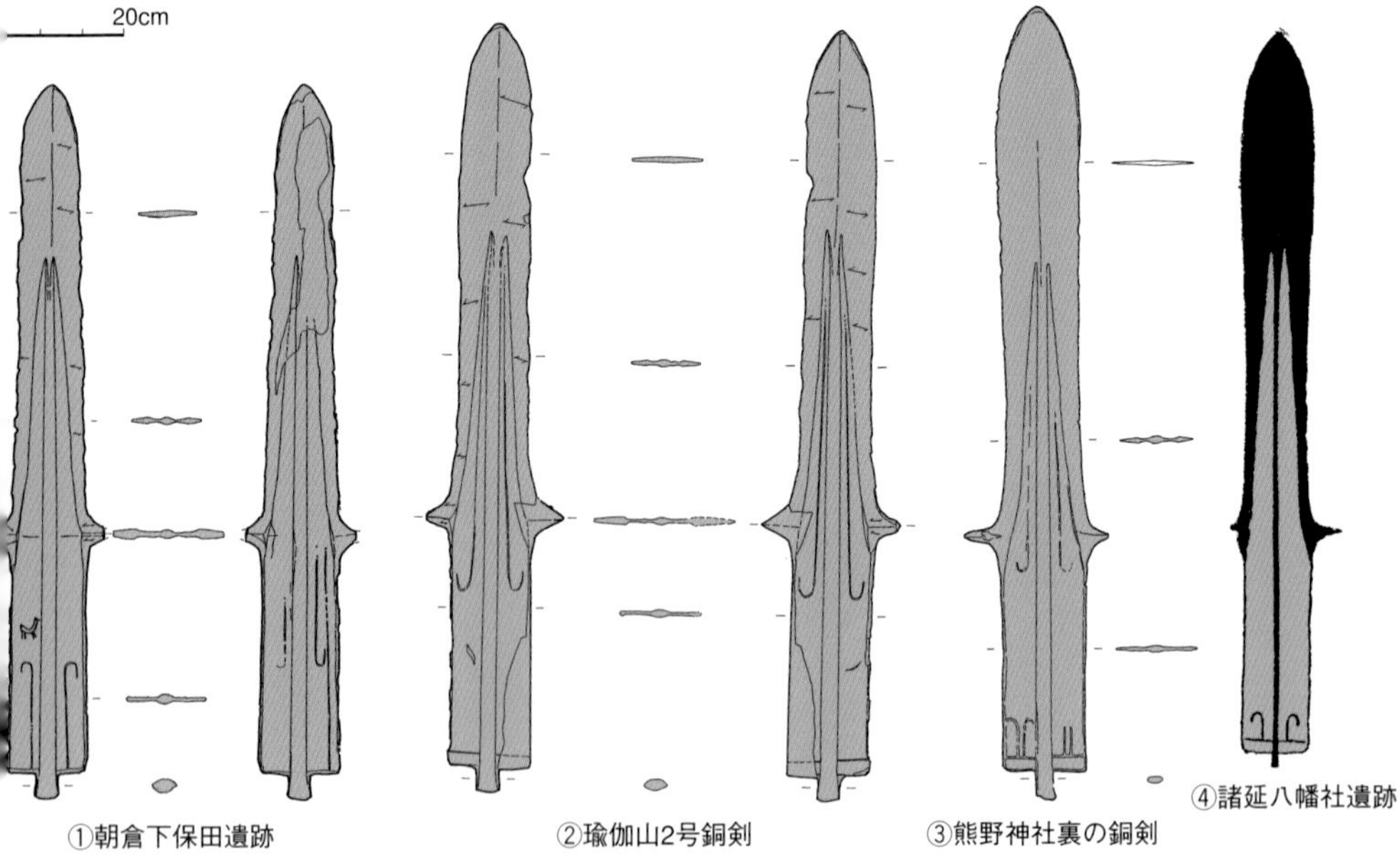

図55 ● 瀬戸内地域の平形銅剣に鋳出された鹿と鉤
鹿と鉤の両方を表現する左の銅剣の源流は、天神ノ元遺跡の甕棺の線刻に求めることができる。

このように平形銅剣に鋳出された鉤状文は、樋《ひ》から突出部にむかって派生するものと、それぞれの関に並行する直線文から派生する双鉤と単鉤があり、朝倉下保田遺跡の三号銅剣や熊野神社裏出土の銅剣のように、その両方を採用した例も認められる。

このほか鹿が単独で鋳出された例としては、伊予の道後《どうご》今市《いまいち》の平形銅剣が唯一である。茎をはさんで両方の関に各一頭の鹿が鋳出されている（図56）。鋳上がりは鮮明さを欠くが、角のない鹿が外側にむかう様子が対称的に表現されている。

4　東アジアの図像の系譜

豊饒と辟邪が共存する精神世界

中期初頭に九州北部の甕棺に登場した鹿と鉤状文は、当初から共存する例が認められる。さらに中期中葉以後になると、青銅器や木製品をキャンバスとして展開する。分布域も九州北部にとどまらず、中九州や瀬戸内地方にまで広がりをみせる。

上鑵子《じょうかんす》遺跡（福岡県前原市）の板材は、琴板の部材と考えられ、鹿と刺逆《かえし》のある釣針が刻まれている。琴板に刻まれた鹿は、稲のカミの化身であると同時に地霊の象徴であり、豊饒を意味している。釣針は、観念的な鉤文様の思想が具象物に置き換えられたもので、先端の曲がった鉤のイメージが根底にある。豊饒と辟邪が並ぶ構図が、弥生中期の祭祀の主題と深くかかわることを示唆している。

赤穂《あこう》ノ浦《のうら》遺跡（福岡市博多区）で出土した銅鐸の鋳型にも、鹿と鉤状文の組み合わせがみられる。鹿と鉤が織りなす構図が、銅鐸祭祀に継承されたことを補強する。

九州産の銅戈に鋳出された鹿や鉤などの意匠は、武器形青銅器の複数埋納によって豊饒と辟邪という要件が満たされていることをあらわしている。さらに平形銅剣にみられる鹿と鉤の表現は、中期後葉になって、祭祀の主題が瀬戸内地域へ波及したことを示している。そして、これら武器形青銅器に鋳出された鹿と鉤は、北部九州の甕棺の絵画と記号が源流と推定される。九州と瀬戸内は、それぞれ固有の祭器を選択しながらも、豊饒と辟邪が共存する精神世界を共有していたのである。

図 56 ● 道後今市の平形銅剣に鋳出された鹿
よく見ると、両方の関に、外側に向かう角のない鹿が鋳出されている。

東アジアの先史文化のなかで醸成された思想

さらに、鹿と鉤にかかわる考古資料は、東アジアで同じ中国の周縁部にもみられる。

中国遼西の十二台営子遺跡では、女性被葬者の股関節付近に三個の釣針が副葬されていた。遼東の鄭家窪子遺跡の銅製飾り板には、鉤を彷彿とさせる文様が鋳出されている。朝鮮半島では伝慶州出土の有文飾り板に大角鹿をかたどった銅製品がみられる。このように甕棺にみられる絵画と記号の世界は、東アジアの先史文化のなかで醸成された思想の発露といえるだろう。

第5章　弥生の王墓とは

1　王墓への階梯

東アジアの青銅器文化

東アジアの青銅器文化を体系的に整理した近藤喬一は、民族が共有するさまざまな文化要素が連結して構成された文化の総体を「文化複合体」とよび、弥生前期から中期に対応する文化複合体を「遼寧青銅器文化複合」、「細形銅剣文化複合」、「前漢文化複合」という三つの様相でとらえた（図57）。

遼寧青銅器文化複合は、遼寧式銅剣（加工品を含む）や磨製石剣・石鏃を副葬する支石墓などの墓制が含まれ、初期の水稲耕作を基盤にした前期の弥生文化に対応する。

細形銅剣文化複合は、そのつぎの段階の細形銅剣に代表される文化複合で、初期の青銅利器を副葬する甕棺墓や木棺墓などの墓制が含まれる。遺物では、青銅器の鋳造関連遺物や朝鮮半島のガラス製の装身具も重要な位置を占める。多鈕細文鏡を副葬する弥生中期初頭から前葉にかけての墓、つまり、吉武高木遺跡はここに対応する。

続いて前漢文化複合は、漢式系文物の流入を契機とする文化複合である。弥生中期後半になって素環頭大刀などの鉄製品が副葬品に加わるのは、前漢の武帝による楽浪郡の設置が影響している。須玖岡本D地点や三雲南小路遺跡の厚葬墓、吉武樋渡の墳丘墓はここに対応する。

ちなみに、吉野ヶ里遺跡の墳丘墓や吉武遺跡群の甕棺ロードは、細形銅剣文化複合から前漢文化複合の両方の文化複合にまたがって営まれたといえる。

弥生の王墓の条件

さて、こうした文化の様相をふまえて、弥生の王墓とは何かを考えてみよう。

王墓として評価がゆるぎないのは、弥生中期後葉の須玖岡本D地点と三雲南小路遺跡の二つである。奴国と伊都国の盟主の墓だ。ひとつの甕棺墓に、三〇面をこえる前漢鏡やガラス製の璧などが副葬されている。これら朝鮮半島でも類をみない副葬品の構成は、前漢の対外政策を背景として、北部九州の首長層が漢帝国との交流に傾注したことを物語っている。

それに対して、弥生中期初頭の吉武高木遺跡を「王墓」とするか否かについては、これまで統一された見解は示されていない。むしろ否定的な見方があるのも事実である。

否定派の論拠は、漢帝国の冊封《さくほう》体制をふまえて、はじめて「百余国」（漢書地理志）の盟主が漢の皇帝を頂点とする序列のなかで、東夷の「王」と認定されるというものだ。そうした前

弥生時期	埋葬形式		遺跡名	副葬品・装身具		文化区分
前期初頭～前葉	支石墓	甕棺墓	田村５次			遼寧青銅器文化複合
		木棺墓・土壙墓	雑餉隈 15 次	（副葬小壺）	磨製石剣・磨製石鏃	
		木棺墓・甕棺墓	新町	（副葬小壺）		
		石槨をもつ木棺墓	田久松ヶ浦	（副葬小壺）	磨製石剣・磨製石鏃	
前期中ごろ～後半		甕棺墓	飯倉Ｃ２次	（副葬小壺）		
		木棺墓	伯玄社	（副葬小壺）		
		木棺墓	下月隈天神森３次	（副葬小壺）		
前期末		甕棺墓	吉武６次・Ⅱ区	（副葬小壺）	磨製石剣（切先）	
		甕棺墓	藤崎 32 次	（副葬小壺）	ヒスイ勾玉	
		甕棺墓・木棺墓	伯玄社	（副葬小壺）		
中期初頭		甕棺墓（標石）	吉武高木・吉武大石	（副葬小壺）	細形青銅器・磨製石剣 ヒスイ勾玉・碧玉管玉	細形銅剣文化複合
		木棺墓（標石）	吉武高木・吉武大石	多鈕細文鏡	細形青銅器 ヒスイ勾玉・碧玉管玉	
	墳丘墓	甕棺墓	板付田端		細形青銅器	
中期前葉		甕棺墓	吉武大石		細形青銅器	
		甕棺墓	野方久保		細形青銅器・把頭飾	
		甕棺墓	宇木汲田	多鈕細文鏡	細形青銅器 ヒスイ勾玉・碧玉管玉	
	墳丘墓	甕棺墓	吉野ヶ里		細形青銅器・ガラス管玉	
中期中頃	墳丘墓	甕棺墓	吉武樋渡		異形青銅器・鉄製武器	前漢文化複合
	区画墓	甕棺墓	浦江５次			
	墳丘墓	甕棺墓	吉野ヶ里		中細形青銅器	
中期後葉	墳丘墓	甕棺墓	吉武樋渡	前漢鏡　1	鉄製武器	
	墳丘墓	甕棺墓（標石）	須玖岡本Ｄ地点	前漢鏡　35	中細形青銅器 ガラス璧・勾玉・管玉	
	墳丘墓	甕棺墓	三雲南小路１号	前漢鏡　32	中細形青銅器・ヒスイ勾玉 ガラス璧・勾玉・管玉	

図 57 ●**北部九州の墓の変遷と東アジアの青銅器文化**
赤字は吉武遺跡群、青字はその他の早良平野の遺跡、緑字は福岡平野の遺跡をさす。
墳丘墓は、区画墓のなかで調査や状況から墳丘の存在を想定したもの。

提では、楽浪郡設置以前の日本列島に王墓は存在しないことになる。

また慎重派は、弥生中期前半の青銅器や装身具を保有する墓地を、あくまで特定集団の墓の一つとみなし、中期後半の「王墓」とは一線を画す。副葬遺物の保有形態で、集団墓におけるいくつかの墓への分散所有型から、墳丘や溝で区画された墓の一つあるいは二つの埋葬施設に特化された集中所有型の確立に、王墓の成立条件を求めるからだ。

2　王墓としての吉武高木遺跡

王墓のゆくえ

しかし、その一方で、吉武高木の時代、朝鮮半島から青銅製品と同時にその鋳造技術がもたらされた。床面積が五〇平方メートルをこえる大型建物の建造も中期を画期としている。また、鹿と鉤を構成要素とする精神世界のコンセプトが、この時期の甕棺の絵画を出発点としていることも無視できない。

こうした技術導入の背景には渡来系集団が介在したと推察される。しかし、朝鮮半島にみられるような、細形銅剣単独の副葬から銅矛・銅戈が加わる副葬へ移行するような過程は北部九州では認められない。有文青銅器や小銅鐸など副葬品の組成が酷似する墓も存在しない。

また、吉武高木の中核墓の甕棺墓は、弥生前期後葉から発達した大型化をきわめた土器棺を組み合わせたものだ。木棺墓にともなうヒスイの勾玉にも、縄文時代的な特徴がみられる。これは吉武高木の墓制や装身具の構成が、突如としてあらわれたものではなく、弥生前期の文化を土台に成立したことを示している。『漢書地理志』に登場する「百余国」の原形は、中期前半までに確立された、といえよう。

王墓の系譜

須玖岡本D地点と三雲南小路遺跡が、弥生中期後半、「百余国」の時代の王墓であることに異論はない。ただそれとともに、須玖・三雲、両者の埋葬施設に大型甕棺が用いられている点や、須玖岡本D地点の大石とよばれる標石が吉武高木の中核墓の構造と共通することを忘れてはならない。

注目すべきは、前漢鏡（戦国式鏡を含む）には最上級の宝器としての価値観が与えられたのに対し、多鈕細文鏡（図58）がシャーマンの鏡として、祭器であっても権威の象徴とはなりえなかったことだ。「前漢文化複合」期の王墓の祖型を「細形銅剣文化複合」期の墓制に求めるとき、王墓に該当する墓は、吉武高木の中核墓をおいてほかにはない。だが、吉武高木と須玖岡本D地点・三雲南小路遺跡の間を埋める遺跡の実態は、まだ明らかではない。

王墓の系譜がどのように受け継がれたか。その解明は、いま、はじまったばかりである。

図58 ● 斜めから見た3号木棺墓の多鈕細文鏡
細密な線で構成された幾何学文様と
蒲鉾形の縁が特徴。

第6章　吉武高木人物往来

特別展示「早良王墓とその時代」

一九八五年の二月末のある日のこと、すでに午前〇時をまわったというのに、現場事務所の入口をたたく音がする。ガラス戸のカーテンを開けると三人の人影。手前に歴史資料館の塩屋勝利がいた。あとの二人は毎日新聞の記者とカメラマンという。「この渡辺という記者は熱心な奴でなぁ。例の写真をちょっと撮らせてやってくれ」と話す息が酒くさい。記者発表資料をつくっている最中に迷惑きわまりない来訪者である。押し問答のすえ、事務所から締め出した。

自他とも認める酒呑みの塩屋は、三十代半ばに潰瘍で胃の半分以上を切除してからは、それまで以上に酒のまわりが早くなったという。行きつけの店で記者と一杯やっているうちに、「市内ですごい遺跡の発掘がおこなわれている、予習がてらついて来い」という成り行きになったのだろう。現場事務所はその後も、いく度となく深夜の襲来を受けることになる。

しかし塩屋がただの酒好きではなかったことは、赤レンガの歴史資料館で催された八六年秋の特設展「早良王墓とその時代」で証明される。弥生時代墓地の一覧表や展示資料の選定リストから展示の企画と図録の制作に総力を注いだことがうかがえる。

O型集団

吉武遺跡の発掘は、八三年度から横山邦継と下村智の担当ふたりでおこなわれ、筆者が加わったのは八四年一〇月中ばからだ。その後、広大な調査面積と濃密な遺構の分布から、発掘作業員は徐々に増え、ピーク時には一〇〇名をこえた。調査主任の横山邦継は宮崎県延岡市の出身。本人は虚弱体質と謙遜するが、五〇キロはある投光機をひとりで引きずって谷を越える強靭な体躯の持主である。仕事が終わると近くの酒店で、豆腐を肴に一杯やることも多かった。興がのれば正調の「芋幹僕人《いもがらぼくと》」や「ひえつき節」が披露された。

下村智は熊本県豊野村の出身。高校を卒業して熊本県庁に勤めた後、大学・大学院で考古学を学び、民間の研究機関を経て福岡市へ入庁した経歴をもつ。当時三〇をこえたばかりだが、機知に富む人柄のなかにも老成した雰囲気をたたえていた。現在は母校の大学で教壇に立つ。

朝礼後、現場に向かうわたしたちのヘルメットに血液型の「O」が三つ並ぶのは、えもいわれぬおかしさがあったらしい。

図59●甕棺の解説に聞き入る小学生たち

千客万来

八五年、三号木棺墓から鏡・玉・剣の三点セットが検出された後の、三月六日の記者発表の反響は大きかった。

現地説明会をおこなう余裕さえなかったが、ニュースや新聞の影響でいきなり大勢の市民が現場や調査事務所に押しかけてきた。飛びかう質問に対応するため、奈良大の学生だった緒方俊輔には、見学者への説明にあたってもらった。写真は、口角に泡をとばす緒方の話に聞き入る見学者。上空には報道関係のヘリが舞っていた。

三月後半になっても高木地区西側の甕棺墓の調査はまだ残されていた。夜間調査には文化財専門職の面々が駆けつけてくれることになった。その場を仕切った二宮忠司は、図面の準備から夕食の手配までじつに行き届いた手配をした。夜七時過ぎになると、田圃のなかの投光機をめざしてラーメン屋のバイクがやってくる。川向こうの団地にある店の店主も、こんな出前は後にも先にもないと語った。

図60●記者発表をうけて遺跡につめかけた市民

発掘調査をサポートしてくれた周囲の人びと

市政担当や遊軍の記者もよく出入りした。報道発表の際、記事の内容を総括したのは読売新聞の板橋旺爾《おうじ》だった。「日本最古の王墓」の見出しは、板橋が調査係長の折尾学《おりおまなぶ》から誘導尋問よろしく聞き出したというが、折尾は板橋に誘導させたとしたたかに語る。

毎日新聞の遊軍記者、渡辺康則は、深夜の来訪以来、招かれたわけでもないのに現場事務所に半ば居ついてしまった。夕方調査から戻ると「よっ。がんばったね。ご苦労さん」と焼酎片手に迎えてくれた。後日、毎日グラフに掲載した吉武高木の記事で社内賞をもらったそうだ。

吉武高木遺跡の報道を契機として、市民レベルの遺跡保存活動を続けているグループもあるが、一個人として吉武高木の調査に関わった人もいる。七隈在住の岩城庄助は、定年になって地域の歴史を調べるうちに遺跡の調査に興味をもつようになった。七〇代を過ぎても陶芸、竹筆づくりなど多趣味な人だったが、自転車に乗って発掘現場を訪ねるのが日課のようになっていた。岩城は、考古学というより発掘現場で働く人とのコミュニケーションを大事にした。保存が決まって埋め戻しをすることになった時、「万が一、見分けがつかなくなったときのため」といって甕棺墓や木棺墓の番号を刻んだ陶板を焼いてきた。いまそれぞれの墓穴に眠っている素焼きの円板は、近い将来の整備で掘り出されることだろう。

福岡市の文化課長だった生《いく》田《た》征《まさ》生《お》は、地元圃場整備の役員との交渉にあたり、粘りづよく保存を訴えた。三時間以上におよぶ地元交渉の後、塩屋に赤レンガ（歴史資料館）近くの喫茶店によび出され、さら

図61 ● 投光器で照らされた夜間調査

に数時間にわたってアジテーションを聴かされたこともあった。

発掘調査をとおして調査現場や事務所にさまざまな人びとの往来があった。すでに鬼籍に入られた方や消息の途絶えてしまった人もいるが、ふり返ってみると吉武高木遺跡の調査は、多くの人たちを惹きつける魅力と、来る者は拒まない心地よさが漂っていたような気がする。時代もバブル経済への助走期で、今世界中に蔓延する閉塞的な空気はなかった。

吉武高木遺跡のこれから

福岡市では、一九八七年暮れに、平和台球場外野席で鴻臚館《こうろかん》跡の遺構がみつかり、注目は古代の迎賓館の解明へとシフトする。空前の吉野ヶ里ブームは、昭和から平成への転換期に日本全国へ九州の弥生文化を発信した。吉野ヶ里墳丘墓に設けられた覆い屋は、鴻臚館の施設にヒントを得たもので、鴻臚館の報道発表は吉武高木遺跡を史跡として保存できた行政面の実績が下地にあった。注目された三遺跡はどこかで相互にリンクしているのだ。

新聞の「最古・最大」の見出しは、マスコミが煽っているようにいわれるが、つねに新奇なものを求める大衆の要求が根底にある。「最古の王墓」というフレーズが、これまでほかの遺跡に塗りかえられなかったのは、たんに偶然や運がよかったのではなく、吉武高木遺跡が、独自の存在意義をもつことの証といえるだろう。

この二〇年で、調査の環境は格段に整備されたが、文化財行政をとりまく状況も様変わりした。遺跡の個性を表現する手法はさまざまだが、墓と大型建物だけに照準をあてたステレオタイプの構成に、もはや人びとは満足しない。

これから本格化する整備では、どこまでドラスティックな視点を組み込めるかが岐路となる。それがひいては吉野ヶ里遺跡や壱岐の原の辻遺跡という径六〇キロ圏にある特別史跡との差別化や、径二〇キロ圏の伊都国や奴国の遺跡との共生につながるのだ。

スペクタクルな史跡整備には圧倒されるが、大型建物の復元に膨大な予算を投入しても、嘘っぽさは拭えない。そもそも史跡整備に完成を求めるべきでないのかもしれない。吉武遺跡群の整備は、リアルタイムで遺跡を模索するための実験の場でありつづけるべきだと思う。

吉武高木遺跡のメインは弥生の墓だが、甕棺に刻まれた線刻画や文様を基調にイメージのコスモスを広げてみてはどうだろう。内外の研究者やアーチストを集めた「原始芸術ビエンナーレ」は、福岡アジア美術館と共催して史跡を世界に発信できる好機となるだろう。

また、エントランスに当時の発掘事務所を再現するのも一興かもしれない。休憩室のチャンネル式テレビから流れる画像はもちろん昭和六〇年ごろの番組で、安全靴にカストロジャンパーを羽織った調査員のジオラマも配してほしい。現場事務所でヤカン酒を酌み交わした日々はすでにロストワールド、となってしまったのだから。

図 62 ● 発掘調査風景（1986 年冬）

主な参考文献（abc順）

青柳種信・鹿島九平太　一九七六『柳園古器略考・鉾之記』（復刻版）文献出版
藤尾慎一郎　一九八九「九州の甕棺─弥生時代甕棺墓の分布とその変遷─」『国立歴史民俗博物館研究報告』二一、国立歴史民俗博物館
福岡市立歴史資料館　一九八六『早良王墓とその時代』
福岡市博物館（編）一九九八『弥生人のタイムカプセル』
深澤芳樹　一九九八「戈を持つ人」『みずほ』二四、大和弥生文化の会
春成秀爾　一九九一「角のない鹿─弥生時代の農耕儀礼─」『日本における初期弥生文化の成立─横山浩一先生退官記念論文集Ⅱ』文献出版
春成秀爾　一九九三「豚の下顎骨懸下─弥生時代における辟邪の習俗─」『国立歴史民俗博物館研究報告』五〇、国立歴史民俗博物館
橋口達也　一九九二「弥生時代の戦い─武器の折損・研ぎ直し─」『九州歴史資料館研究論集』一七、九州歴史資料館
岩永省三　一九八三「多鈕細文鏡再考」『文化財論叢』奈良国立文化財研究所
岩永省三　二〇〇三「武器形青銅器」『考古資料大観　六』小学館
鏡山　猛　一九三九「我が古代社会における甕棺墓」『史淵』二一、九大史学会
木下尚子　一九八七「弥生定型勾玉考」『東アジアの考古と歴史　中』同朋舎出版
甲元眞之　一九九〇「多鈕鏡の再検討」『古文化談叢』二二、九州古文化研究会
九州歴史資料館（編）一九八〇『青銅の武器　日本金属文化の黎明』九州歴史資料館
榧本杜人　一九八〇『朝鮮の考古学』同朋舎出版
国立中央博物館・国立光州博物館　一九九二『韓国の青銅器文化』汎友社
近藤喬一　二〇〇〇「弥生時代」『山口県史　資料編　考古一』山口県
宮井善朗　二〇〇三「再び銅剣の研磨について」『青丘学術論集』二二、（財）韓国文化研究振興財団
宮本長二郎　一九九六『日本原始古代の住居建築』中央公論美術出版
森本六爾　一九二七「多鈕細文鏡考」『考古学研究』一、考古学研究会
森本六爾　一九二七「長野富任に於ける青銅器時代墳墓」『考古学研究』二、考古学研究会
森貞次郎　一九六八「弥生時代における細形銅剣の流入について」『日本民族と南方文化』平凡社

永峯光一　一九六六「鏡片の再加工と考えられる白銅板について」『信濃』一八―四、信濃史学会
中山平次郎　一九一七「銅鉾銅剣の新資料」『考古学雑誌』七―七、考古学会
布目順郎　一九九九「繊維文化史の研究」『布目順郎著作集　全四巻』桂書房
小田富士雄・韓　炳三（編）　一九九一『日韓交渉の考古学　弥生時代篇』六興出版
岡内三眞　一九八三「朝鮮の異形有文青銅器の製作技術」『考古学雑誌』六九―二、日本考古学会
大賀克彦　二〇〇二「弥生・古墳時代の玉」『考古資料大観　九』小学館
岡崎　敬（編）　一九七七『立岩遺跡』立岩遺跡調査委員会、河出書房新社
岡崎　敬（編）　一九八二『末盧国』六興出版
折尾　学（編）　一九八五「史跡　金隈遺跡」『福岡市埋蔵文化財調査報告書』一二三、福岡市教育委員会
塩屋勝利　一九八六「文政五年三雲南小路発掘記録の新資料」『福岡市立歴史資料館研究報告』一〇、福岡市立歴史資料館
渋谷　格　一九九四「鳥栖市柚比本村遺跡の調査」『九州考古学』六九、九州考古学会
島田貞彦　一九三〇「筑前須玖史前遺跡の研究」『京都帝国大学文学部考古学研究報告』一一、京都帝国大学文学部
末永雅雄　一九五七「備前瑜珈山出土の銅剣」『考古学雑誌』四二―三、日本考古学会
高倉洋彰　二〇〇一『交流する弥生人―金印国家群の時代の生活誌―』吉川弘文館
武末純一　一九九八「日韓の青銅器鋳造文化」『弥生時代の鋳造―青銅器鋳造技術の復元―』鋳造遺跡研究会
坪井清足　一九六八「隼人楯」『日本民族と南方文化』平凡社
常松幹雄　一九九七「弥生時代の甕棺に描かれた絵画と記号」『福岡市博物館研究紀要』七、福岡市博物館
常松幹雄　一九九九「弥生時代の銅戈に鋳出された絵画と記号」『福岡市博物館研究紀要』九、福岡市博物館
常松幹雄　二〇〇二「銅剣からみた弥生時代の墓制と葬制」『細形銅剣文化の諸問題』九州考古学会・嶺南考古学会
富樫雅彦　二〇〇三「弥生・古墳時代のガラス」『考古資料大観　六』小学館
藤　貞幹　一七九六「考古日録」『日本考古学史資料集成一　江戸時代』所収、吉川弘文館
宇野隆夫　一九七七「多鈕鏡の研究」『史林』六〇―一、史学研究会
柳田康雄（編）　一九八五「三雲遺跡　南小路地区編」『福岡県文化財調査報告書』六九、福岡県教育委員会
柳田康雄　二〇〇五「青銅武器型式分類序論」『國學院大學考古学資料館紀要』二一、國學院大學考古学資料館
吉田　広　二〇〇一「弥生時代の武器形青銅器」『考古学資料集』二一、国立歴史民俗博物館春成研究室
吉留秀敏　一九八八「比恵遺跡群の弥生時代墳丘墓」『九州考古学』六三、九州考古学会

吉武遺跡群圃場整備関係調査報告

一九八六「吉武高木」『福岡市埋蔵文化財調査報告書』一四三
一九九五「吉武遺跡群Ⅶ—弥生時代掘立柱建物の報告—」『福岡市埋蔵文化財調査報告書』四六一
一九九六「吉武遺跡群Ⅷ」『福岡市埋蔵文化財調査報告書』四三七
一九九七「吉武遺跡群Ⅸ—弥生時代生活遺構の調査報告—」『福岡市埋蔵文化財調査報告書』五一四
一九九八「吉武遺跡群Ⅹ—弥生時代の墓地の調査報告1—」『福岡市埋蔵文化財調査報告書』五八〇
一九九九「吉武遺跡群Ⅺ—弥生時代の墓地の調査報告2—」『福岡市埋蔵文化財調査報告書』六〇〇
二〇〇〇「吉武遺跡群Ⅻ—弥生時代墳墓の報告3—」『福岡市埋蔵文化財調査報告書』六五〇
二〇〇一「吉武遺跡群XIII—第Ⅰ・Ⅱ次調査の縄文時代・古墳時代から平安時代の調査報告—」『福岡市埋蔵文化財調査報告書』六七五
二〇〇二「吉武遺跡群XIV—吉武遺跡群第9次調査旧石器時代調査報告—」『福岡市埋蔵文化財調査報告書』七三一上巻
二〇〇二「吉武遺跡群XIV—西区金武古墳群吉武S群1・2号墳調査報告—」『福岡市埋蔵文化財調査報告書』七三一下巻
二〇〇三「吉武遺跡群XV—西区金武古墳群吉武S群3〜28号墳調査報告—」『福岡市埋蔵文化財調査報告書』七七五
二〇〇四「吉武遺跡群XVI—古墳時代生活遺構編1—」『福岡市埋蔵文化財調査報告書』八三一
二〇〇五「吉武遺跡群XVII—古墳時代生活遺構編2—」『福岡市埋蔵文化財調査報告書』八六四

写真所蔵・出典

福岡市博物館（国保有重要文化財）：図26・32・35・36・39・40・45
福岡市教育委員会埋蔵文化財課：図3・4・5・27・29・30（左）・31・33
福岡市埋蔵文化財センター：図10・13・16・19・21・25・30（右）・43・44
小学館『考古資料大観　六』（撮影・岡紀久夫、国保有重要文化財）：図38・58
『福岡市埋蔵文化財調査報告書一四三　吉武高木』福岡市教育委員会：図8
『弥生人のタイムカプセル』福岡市博物館：図23
（右記以外は著者提供）

吉武高木遺跡

・福岡市西区大字吉武180他
・西鉄バス・吉武停留所から徒歩5分

一九九四年一〇月、吉武高木・吉武大石・大形建物の範囲が国史跡「吉武高木遺跡」として指定を受けた。現在、三個所に立看板がある。整備は計画段階。飯盛山（三八二m）登山もお勧め。

福岡市博物館

・福岡市早良区百道浜3丁目1—1
・電話　092（845）5011
・開館時間　9：30〜17：30（入館は17時まで）7・8月は、日・祝日を除く19：30（入館は19時まで）
・休館日　月曜（休日の場合は翌日）、年末年始
・入館料　常設展示＝大人200円、高・大生150円、小・中生無料
・市営地下鉄西新駅下車、徒歩15分

福岡の歴史を解説する「常設・総合展示」に、吉武高木遺跡出土の銅剣・銅戈・銅矛、勾玉・管玉、多鈕細文鏡などが展示されている。関連する解説や遺跡出土品の展示も充実し、吉武高木遺跡を理解するためにぜひ見学したい。

福岡市博物館

福岡市埋蔵文化財センター

・福岡市博多区井相田2—1—94
・電話　092（571）2921
・開館時間　9：00〜17：00（入館は16：30まで）
・休館日　月曜、年末年始
・入館料　無料
・博多駅交通センター・西鉄バス12番のりばから、雑餉隈営業所行約30分、板付中学校前（埋蔵文化財センター前）下車すぐ

市内で出土した遺物や記録類を収蔵・管理。常設展示に「奴国の時代」に関するテーマ展示があり、吉武高木遺跡の理解を深めることができる。

金隈遺跡展示館

・福岡市博多区金隈1—39—52
・電話　092（503）5484
・開館時間　9：00〜17：00
・休館日　年末年始
・入館料　無料

国史跡。甕棺墓のうえに覆屋を設けた公共施設。空港からも近い。

金隈遺跡展示館

刊行にあたって

「遺跡には感動がある」。これが本企画のキーワードです。

あらためていうまでもなく、専門の研究者にとっては遺跡の発掘こそ考古学の基礎をなす基本的な手段です。また、はじめて考古学を学ぶ若い学生や一般の人びとにとって「遺跡は教室」です。

日本考古学では、もうかなり長期間にわたって、発掘・発見ブームが続いています。そして、毎年厖大な数の発掘調査報告書が、主として開発のための事前発掘を担当する埋蔵文化財行政機関や地方自治体などによって刊行されています。そこには専門研究者でさえ完全には把握できないほどの情報や記録が満ちあふれています。しかし、その遺跡の発掘によってどんな学問的成果が得られたのか、その遺跡やそこから出た文化財が古い時代の歴史を知るためにいかなる意義をもつのかなどといった点を、莫大な記述・記録の中から読みとることははなはだ困難です。ましてや、考古学に関心をもつ一般の社会人にとっては、刊行部数が少なく、数があっても高価なその報告書を手にすることすら、ほとんど困難といってよい状況です。

いま日本考古学は過多ともいえる資料と情報量の中で、考古学とはどんな学問か、また遺跡の発掘から何を求め、何を明らかにすべきかといった「哲学」と「指針」が必要な時期にいたっていると認識します。

本企画は「遺跡には感動がある」をキーワードとして、発掘の原点から考古学の本質を問い続ける試みとして、日本考古学が存続する限り、永く継続すべき企画と決意しています。いまや、考古学にすべての人びとの感動を引きつけることが、日本考古学の存立基盤を固めるために、欠かせない努力目標の一つです。必ずや研究者のみならず、多くの市民の共感をいただけるものと信じて疑いません。

監　修　戸沢　充則
編集委員　勅使河原彰　小野　昭
小野　正敏　石川日出志
小澤　毅　佐々木憲一

著者紹介

常松幹雄（つねまつ・みきお）

1957年、福岡市に生まれる。

早稲田大学教育学部地理歴史専修卒業。

福岡市教育委員会文化財専門職、福岡市博物館学芸員を経て、
現在、福岡市埋蔵文化財調査課長。

主な著作　「九州」『考古資料大観　土器Ⅱ』小学館、「鹿と鉤の廻廊」『原始絵画の研究　論考編』六一書房、「甕棺と副葬品の変貌」『弥生時代の考古学』同成社、「弥生土器の東漸」『弥生時代政治社会構造論』雄山閣ほか。


シリーズ「遺跡を学ぶ」024

最古の王墓・吉武高木《よしたけたかぎ》遺跡

2006年 2月28日　第1版第1刷発行
2014年 4月28日　第1版第2刷発行

著　者＝常松幹雄

発行者＝株式会社 新 泉 社
東京都文京区本郷2-5-12
振替・00170-4-160936番　TEL03(3815)1662／FAX03(3815)1422
印刷／太平印刷社　製本／榎本製本

ISBN4-7877-0634-9　C1021